하나님과 동행한 사람의 고백
LETTERS BY A MODERN MYSTIC

# 프랭크 루박의
# 편지

**LETTERS BY A MODERN MYSTIC**
by Frank C. Laubach

Copyright ⓒ 1955 Frank C. Laubach
New Readers Press, Division of ProLiteracy Worldwide,
1320 Jamesville Avenue, Syracuse, NY 13210, U.S.A.
All rights reserved.

Korean Edition published by Word of Life Press, Seoul 2007, 2014
Translated and published by permission.
Printed in Korea.

프랭크 루박의
# 편지

ⓒ **생명의말씀사** 2007, 2014

2007년 10월 1일 1판 1쇄 발행
2014년 1월 31일　　 12쇄 발행
2014년 3월 31일 2판 1쇄 발행
2024년 6월 7일　　 11쇄 발행

펴낸이 | 김창영
펴낸곳 | 생명의말씀사

등록 | 1962. 1. 10. No.300-1962-1
주소 | 서울시 종로구 경희궁1길 6(03176)
전화 | 02)738-6555(본사) · 02)3159-7979(영업)
팩스 | 02)739-3824(본사) · 080-022-8585(영업)

기획편집 | 유선영, 문효진, 박보영
디자인 | 조현진, 안은주, 김혜진
인쇄 | 영진문원
제본 | 다온바인텍

ISBN 978-89-04-16453-0 (03230)

저작권자의 허락없이 이 책의 일부 또는 전체를
무단 복제, 전재, 발췌하면 저작권법에 의해 처벌을 받습니다.

프랭크 루박의
# 편지

## 서문 Letters by a Modern Mystic

한 사람이 반세기 전에 기록한 일기를 보존하는 이유가 무엇일까?

그것은 하나님과 동행한 사람의 일기이기 때문이다. 그 일기는 나의 아버지, 프랭크 루박의 생애 중에서 가장 힘들었던 시기에 기록되었다.

아버지는 외국 땅에서 외롭게 지냈다. 아직 그 나라의 언어를 배우지 못하고 그들의 종교를 잘 이해하지 못한 채, 그들 속에 들어가 살았다. 선교사로 잘 훈련받고 그들을 도우려는 열정이 가득했던 아버지도 그들의 무관심에 낙담할 수밖에 없었다.

아버지는 절망 속에서 밤마다 시그널 언덕에서 하나님과 대화를 나누었다. 그곳은 필리핀의 단살란 바깥쪽에 위치한 낮은 산이었다.

아버지의 기도 일기가 말해 주듯이, 아버지는 점차 하나님과 대화하며 동행하는 법을 배우게 되었다. 그리고 그 과정에서 하나님은 그를 낮추시고, 새로 사귄 마라나오 친구들과 함께 지내며 사역하는 법을 가르쳐 주셨다.

이 영적인 여정에서, 무식한 사람을 가르치는 유식한 사람으로 표현된 '하나님의 행동하는 사랑'이라는 독특한 개념이 나타났다.

'일대일 가르침'에 담긴 영적 진리를 깨닫고자 한다면, 이 작은 책을 자주 들춰볼 것을 권한다.

1979년 1월. 뉴욕 시러큐스에서
로버트 S. 루박

추천사 _ 1 Letters by a Modern Mystic

프랭크 루박의 글들을 읽다 보면 아주 진기한 경험을 하게 됩니다. 그는 자신의 글에서 영혼의 문을 열었고, 우리를 그 내면의 성소로 초대하여 하나님에 대한 경험을 나누도록 했습니다.

이 책을 조용히 읽어 내려가다 보면, 헌신, 성별(聖別), 아시시의 성 프랜시스를 떠올리는 영적 무아지경의 상태로 빠져들게 됩니다.

그것은 산꼭대기의 신선한 공기를 마시는 듯한 흥분되는 경험이며, 프랭크 루박이 경험한 것처럼 영의 날개를 펴고 날아오르고 싶은 열망을 갖게 합니다.

루박은 필요할 때마다 그 시대의 과학적인 용어로 자신을 표현하면서도 시간에 구애받지 않는 위대한 신비주의자의 목소리로 말하는 재주가 있습니다. 자신의 편지들을 통해 우리에게 자신과 자신의 사역을 희미하게 보여 주는 것이 바로 루박의 특징입니다.

이 글들을 쓰는 동안 모로족을 대상으로 한 그의 사역 이야기는 거의 하고 있지 않습니다. 그에게 가장 중요한 것, 그가 겸손하게 다른 사람들과 나누고자 하는 것은 그의 내적인 신앙 체험입니다. 그러나 그와 그의 사역에 대해 좀 더 알게 되면 글에서 새로운 의미를 발견할 수 있기에 프랭크 루박의 사역에 대해 잠시 이야기해 보겠습니다.

프랭크 루박은 1915년에 아내와 함께 필리핀 선교사로 나갔습니다. 처음 7년 동안 그는 민다나오 섬 북쪽 해안에 복음주의 교회를 세우고 그 섬에서 문화와 리더십을 통해 더 방대한 접근을 해 나가는 데 자신을 아낌없이 드렸고 매우 유능하게 사역했습니다. 북쪽 해안의 이 교회들은 계속 발전하여, 지금까지도 그가 미친 영향력을 분명하게 드러내고 있습니다.

그의 다음 사역은 마닐라에 연합 신학교를 세우고 경영해 나가는 일과 관련된 것이었습니다. 루박 박사는 이 계획을 이끌어간 중요한 책임자로 마닐라에 와서 신학교의 초대 교수가 되었을 뿐 아니라 그 도시의 생활을 변화시키는 데 강한 영적 리더십을 보여 주었습니다.

그 신학교는 계속해서 그 섬에서 복음주의 운동의 중요한 핵심 기관으로 자리잡고 있습니다. 여기서 다시 그는 적극적인 사역을 하였고, 그 결과는 계속 나타나고 있습니다.

그러는 동안 루박 박사는 그의 학구적이고 동정적인 책 『필리핀 사람들(The People of the Philippines)』과 젊은이들을 위해 그 섬을 경쾌하게 묘사한 『7천 개의 에메랄드(Seven Thousand

*Emeralds)*』를 저술하였습니다.

그러나 그가 주된 관심을 기울여야 하는 이러한 일들을 하는 동안에도 루박 박사의 생각은 점점 더 자주 민다나오 섬의 이슬람교 신자들인 모로족들에게 향했습니다. 그들은 그가 맨 처음 사역하는 동안 접했던 사람들로 당시 현대 문명을 받아들이고 있지 않았습니다.

모로족은 약 50만 명 정도 되었는데, 필리핀의 그리스도인들을 전통적인 원수로 여겼습니다. 그들은 기독교 선교사가 도저히 접근할 수 없는 사람들 같았습니다. 그들을 전도하려면 무한한 인내와 위대한 그리스도인의 기지가 필요하다는 것을 그는 잘 알았습니다.

루박 박사는 하나님의 능력으로 이 일을 이룰 수 있다고 믿었고, 그가 그 일을 하도록 소명을 받았다고 느꼈습니다.

그래서 1930년, 이 편지들을 쓰기 직전에, 루박 박사는 모로족을 위한 놀라운 사역을 시작하기 위해 민다나오 고지에 있는 단살란으로 갔습니다.

이 편지들에도 이곳의 집들과 들, 반짝이는 호수, 그 너머로 솟아 있는 산꼭대기의 절경 등의 아름다움이 잘 나타나 있습니다. 이 편지들은 또한 거기서 지낸 처음 며칠간의 외로움을 솔직하게 보여 주고 있습니다.

건강과 교육 문제로 루박 부인과 아들 로버트는 처음 몇 달 동안 다른 섬에 있는 선교국, 다마구테에 머물러야 했기에, 그는 혼자 지낼 수밖에 없었습니다. 이때 그는 언어를 배우며 모로족의 생활 방식을 익혀 가던 중이라 그들과 친밀한 교제를 나눌 수도 없었습니다.

이런 고독 중이라도 편지에 기록된 깊고 신비한 하나님 체

힘이 그를 인도해 갔다는 것, 그것이 바로 루박의 위대한 점입니다.

머지않아 모로족들은 단순한 친구로서 자신들 가운데 들어온 이 미국인의 고결한 정신을 깨닫기 시작했습니다. 그가 여러 가지 실제적인 방법으로 그들을 돕기 시작할 때, 그들의 반응은 점점 정중해졌고, 마침내 매우 짧은 시간에 그들은 루박을 좋은 친구로 여기게 되었습니다.

루박은 모로족들의 가장 큰 필요들을 알고 있었고, 지치지 않는 근면과 창조적인 능력으로 그들의 필요를 채워 주었기 때문입니다.

1930년에 그는 모로족들이 거의 완전 문맹이라는 사실을 알았습니다. 그런데 지금은 그 호수 주변에 사는 9만 명 가운데 절반은 글을 읽고 쓸 줄 안다고 말할 수 있을 것입니다.

루박은 그들이 과거에 매인 채, 현대 세계에서 자신의 역할을 담당할 준비가 되어 있지 않다는 것을 알았습니다. 그렇다고 그들의 가장 좋은 과거에 대한 자부심을 무너뜨리는 행동을 하지 않았습니다. 오히려 그들의 문화에서 가치 있는 요소들을 보존하기 위해 많은 일을 했습니다. 그러면서도 그들이 거대한 세계의 일부분임을 깨닫고 그 생활에 적응하도록 도와주었습니다.

자신의 내적인 영적 경험을 그토록 아름답게 저술한 루박은 또한 매우 열정적이고 실제적인 행동가였습니다. 그는 매우 효과적인 성인 교육 방법을 고안해 냈고, 놀라운 능력으로 그것을 추진해 갔습니다.

그는 산업을 발전시켰고, 건전한 사역을 육성했으며, 더 나은 자녀 교육을 격려하고, 수많은 방법으로 자신이 이 사람들의 실질적인 친구임을 입증해 보였습니다.

그러나 이 글을 읽는 사람이라면 누구나 루박 박사가 가장 원했던 것은 바로 그들이 하나님을 더 풍성히 경험하도록 돕는 것이었음을 알게 될 것입니다. 그는 그들을 전도하여 세례받게 하는 것을 가장 우선시하지 않았습니다. 어떤 사람들은 세례를 그의 사역의 결과로 보았지만, 그는 그들을 변화시키는 깊은 영적 체험이 그들의 삶의 기반이 되기를 원했습니다.

루박은 진정으로, 궁핍한 사람들 사이에서 하나님의 변화시키는 능력이 흘러넘치게 하는 효과적인 통로일 뿐 아니라 그들을 사랑으로 섬기는 신실한 종이었습니다.

1937년 1월 5일. 보스턴, 매사추세츠에서
앨던 클라크(Alden H. Clark)

### 추천사 _ 2  Letters by a Modern Mystic

프랭크 루박을 리처드 포스터가 쓴 『생수의 강』에서 알게 되었습니다. 리처드 포스터는 프랭크 루박을 사도 요한과 사막의 교부 안토니우스 등과 함께 6가지 묵상의 전통에서 소개했습니다.

그런데 루박이 한 일은 문맹퇴치 운동이었습니다. 필리핀과 인도에서, 그리고 세계 곳곳을 여행하면서 문맹퇴치 운동을 하였습니다. 이렇게 세계적으로 문맹퇴치 운동을 하면서 업적을 남긴 사람을 묵상의 전통으로 분류한 것이 적절하지 않다고 생각했습니다.

그러나 그의 영적 일기인 본서를 읽으면 그가 진정 묵상의 사람인 것을 알게 됩니다. 그의 내적인 영적 경험에서 외적인 열정이 나온 것을 알게 됩니다.

필리핀 민다나오섬의 모로족과 함께 보내면서 그는 깊은

영적 경험을 합니다. 가족들과 멀리 떨어져서 고독한 삶을 산 것이 그의 영적 경험을 더 깊게 하였습니다. 그는 "너무나도 외로웠기 때문에 하나님과 대화하지 않고는 도무지 견딜 수가" 없었다고 말합니다(1930. 3. 15).

그는 영적인 탐험을 꾸준히 하고 있습니다. 자신의 영혼, 그리고 모로족의 영혼을 탐험합니다(1930. 1. 26). 하나님께 온전히 의지하는 연습을 하고, 깨어 있는 순간마다 "하나님의 사랑에 빠짐"을 찾고 있습니다.

아주 구체적이고도 세밀하게 탐험하고 연습하는 자신의 영적 탐험을 드러내고 있습니다. 그 집중력과 열심에 감탄하지 않을 수 없습니다.

그리고 이런 영적 탐험을 하면서, 하나님께 사로잡히는 기쁨을 경험합니다.

하나님이 가깝고 다정스럽게 여겨지는 경험, 다른 것이 주는 만족이나 매력과는 비교할 수 없는 경험을 일주일에 서너 차례씩 합니다. 그리고 하나님과 친밀한 교제를 하고 나면, 영혼이 눈같이 맑아져 있는 것을 느낍니다(1930. 4. 18).

이렇게 영혼이 하나님으로 충만할 때, 하나님께서 주신 사랑으로 모로족 사람들을 바라보게 된다고 말합니다(1930. 6. 15). 여기서 내적인 영적 경험이 외적인 열정의 근원임을 말합니다.

루박의 영적 일기에서, 우리는 그가 열정적으로 문맹퇴치 운동을 한 원동력이 어디에 있는가를 엿볼 수 있습니다. 그는 묵상 기도의 삶을 산 사람이었습니다. 그리고 영적인 열정을 가지고 사회를 향한 관심을 실천하고 행동에 옮긴 사람이었습니다.

본서를 통해 세계 문맹퇴치 운동을 한 운동가의 영적 탐험을 알 수 있었습니다.

또 다양한 영적 탐험의 실제를 알고, 시도해 보고 싶은 뜨거운 호기심이 일어납니다. 그리고 바쁘고 분주한 일에 매달려 있는 우리에게 근본적으로 필요한 것이 무엇인지를 배우게 됩니다.

영락교회 담임
이철신 목사

I have done nothing but open windows
- God has done all the rest.

나는 오로지 문을 열기만 했을 뿐입니다.
나머지는 하나님께서 다 하셨습니다.

**1930. 1. 3** Letters by a Modern Mystic

# 밖으로 마음의 창문을 열다

지난해를 돌아보면서 "작년은 내 생애 최고의 해였다."라고 말할 수 있다면 얼마나 좋을까요. 앞날을 내다보면서 "올해는 더 좋을 것이다."라고 말할 수 있다면 그것은 더욱더 좋은 일이겠지요. 만일 자신이 이루어 놓은 일에 대해 이런 말을 한다면 그는 더할 나위 없이 자만심이 강한 사람일 것입니다.

그러나 하나님의 자비하심에 대해 그렇게 말한다면, 진심으로 그렇게 말한다면, 그는 정말로 감사할 줄 아는 사람일 것입니다. 나는 오로지 문을 열기만 했을 뿐입니다. 나머지는 하나님께서 다 하셨습니다.

내가 증거하고 싶은 것은 이것입니다. 혹시 눈에 띌 만한 업적이 있다 해도 그것은 아주 작은 것에 지나지 않습니다.

하나님의 임재를 체험하는 놀라운 일이 지속되었습니다. 지난해를 돌이켜 보면서 그렇게 많은 것을 받았으니 기쁨이 넘칠 수밖에 없다는 생각이 듭니다.

작년은 외롭기 그지없는 해였습니다. 어떤 면에서는 내 생애 중 가장 힘들었던 해였다고도 할 수 있습니다.

그러나 하늘의 음성이 넘쳤던 가장 영광스러운 해였습니다. 그리고 매우 아름답게 끝맺음을 했습니다. 실리만의 젊은 이들이 철야예배를 드리기 위해 모였습니다. 우리는 밤 12시가 되도록 새로운 결심을 하는 시간을 가졌습니다.

올해는 하나님의 임재를 계속 체험했던 지난해보다 한층 더 매순간 온전히 하나님만 생각하는 체험을 계속하기로 결심했습니다.

그리고 나는 또 한 가지 결심을 했습니다. 하나님을 향해 마음 문을 열듯이, 사람들과 그들의 필요를 향해 문을 활짝 열어 놓기로 말입니다.

위로뿐만 아니라 밖으로도 창문을 열어야 합니다!

특히 사람들이 가장 많은 것을 필요로 하는 곳을 향해, 아래로도 활짝 열어야 합니다.

**1930. 1. 20** Letters by a Modern Mystic

# 내면의 음성에 귀 기울이다

이슬람 사회에서 살다 보면 굉장한 영적 자극을 받습니다.

마호메트가 나를 도와주고 있다고 봐야 할까요? 그렇다고 기독교를 버리고 이슬람교로 개종할 마음이 있는 것은 아닙니다. 다만 나 자신이 이슬람교식으로 하나님을 더 풍성히 체험하게 되었음을 말하는 것입니다.

이슬람은 하나님의 뜻을 강조합니다. 그것은 정말 중요합니다.

우리는 그분의 위대한 명령을 조금도 바꿀 수 없습니다. 그렇게 하려고 시도하는 것은 곧 전멸하려는 것이나 마찬가지입니다.

복종은 인간의 처음이자 마지막 의무입니다. 그것이 바로 나의 신앙생활에서 항상 필요한 것이었습니다.

나는 목사와 선교사로 15년 동안이나 섬겨 왔지만, 하루 종일 하나님의 뜻을 따르는 삶을 살아 보지 못했습니다.

그러다가 2년 전 나의 삶에 대해 심히 불만을 느끼고는 15분 내지 30분마다 나의 행동을 하나님의 뜻에 비추어 보는 노력을 시작했습니다.

내가 이런 생각을 털어놓자 사람들은 어떻게 그런 일이 가능하냐고 반문했습니다. 그들은 그런 일을 시도도 해 보지 않고 불가능하다고 말했습니다.

그러나 나는 깨어 있는 동안은 쉬지 않고 "아버지 하나님, 제가 무슨 말을 하기를 원하십니까? 지금 이 순간 어떻게 행하기를 원하십니까?"라는 질문을 하며, 마음속에서 들리는 세미한 음성에 계속 귀를 기울였습니다.

이것은 분명히 예수님이 온종일 행하신 일이었습니다. 그러나 예수님을 따르는 수많은 무리들은 그렇게 하지 않았습니다.

**1930. 1. 26** Letters by a Modern Mystic

# 영혼의 문을 열고
# 하나님의 영광을 누리자

지금 나는 새로운 두 땅을 탐험하고 있습니다.

하나는 나의 영혼 속이고, 다른 하나는 모로족(필리핀 남부 민다나오 섬 등에 사는 회교도)의 영혼 속입니다.

며칠 전부터 더욱더 온전히 하나님을 의지하는 연습을 하고 있습니다. 나는 의도적으로 의지적인 행동을 하고 있습니다. 매시간마다 하나님을 생각하는 데 많은 시간을 들이고 있는 것입니다. 어제와 오늘은 새로운 모험을 시도했습니다. 설명하기는 쉽지 않지만, 나는 매순간 하나님을 느끼고 있습니다. 그것은 의지의 행동입니다.

지금 이 타자기 자판을 두드리는 손가락을 하나님께서 붙드시기를 원하고, 내가 걷는 발걸음을 축복하시기를 원하며, 말하는 내 입과 음식을 먹는 내 턱을 지도하시기를 의지적으로 원합니다!

당신은 이런 강렬한 내적 성찰에 대해 거부감을 가질 수도 있을 것입니다. 당신과 주님과의 관계가 만족스럽다면 굳이 이런 노력을 하지 않아도 되겠지요.

그렇지만 나는 가능한 한 하나님의 인도하심을 온전히 깨닫기 위해 이렇게 할 수밖에 없음을 이해해 주기 바랍니다.

바울은 우리가 그리스도 안에서 자유한다고 말했습니다. 나는 모든 사람으로부터 완전히 자유하기를 원하고, 나 자신으로부터 자유하기를 원합니다. 그러나 오직 하나님에게만은 그분 뜻에 매인 종이 되기를 원합니다.

우리 교회에서는 이런 찬송가를 즐겨 불렀습니다. 그렇지만 나는 그 내용대로 실천해 본 적이 없습니다.

> "언제나 주는 날 사랑하사
> 언제나 새 생명 주시나니
> 영광의 기약이 이르도록

언제나 주만 바라봅니다."

'순간순간', 깨어 있는 순간마다, 드림, 응답, 순종, 민감함, 유순함, '하나님의 사랑에 빠짐'… 바로 이것이 지금 내가 마음을 다하여 찾기를 원하는 것입니다.

마치 바이올린이 명연주자의 손에 화답하듯이 예수 그리스도께 화답하기 위해 마음을 다해 찾고 있는 것입니다.

내 영혼을 많은 사람들 앞에 적나라하게 드러내 놓는 이유는 이 방법 외에는 다른 사람들에게 영적인 유익을 끼치는 방법이 없을 것 같기 때문입니다. 당신의 가장 깊은 속마음을 드러내는 방식을 말하자는 것은 아닙니다.

그렇지만 그릇된 방식이 많고, 또 우리 안에 있는 가장 좋은 것을 감추는 것은 잘못입니다.

나는 우리가 만날 때마다 우리 영혼을 베일로 감춘 채 '가벼운 잡담'을 하는 것에는 찬성하지 않습니다. 우리 영혼이 그토록 메말라서 잡담밖에 할 것이 없다면 보다 풍성함을 얻기 위해 애써 노력할 필요가 있습니다.

나로서는, 내가 하고 있는 이 영적 순례 여정이 무한한 가치가 있으며 내가 아는 한 강조할 만한 중요한 것이라고 확신하고 있습니다. 그러므로 들을 사람이 있는 한 나는 이야기할 것입니다.

그리고 나는 갈급합니다. 오, 얼마나 갈급한지 모릅니다! 다른 사람들이 내게 그들의 영혼의 모험에 대해 이야기해 주기를 간절히 원합니다.

지금 창 밖에는 여태껏 보지 못했던 아주 화려한 일몰 광경이 펼쳐지고 있습니다.

내 영혼은 이 순간 "영광의 기약이 이르도록 언제나 주만 바라봅니다."라는 찬송을 부르고 있습니다. 영광이 온 하늘을 비추어 모든 것이 붉게 물들었습니다. 내가 글을 쓰고 있던 종이마저 장밋빛 하늘에 반사되어 붉게 물들었습니다. 그것은 오늘 하나님이 그분의 놀라운 비전을 그려 주신 내 영혼에서 반사되는 빛이었습니다.

당신의 마음을 열어서 하나님의 영광을 누리십시오.

그러면 머지않아 그 영광이 당신 주위의 세상과 당신 머리 위에 있는 구름 속에서 빛나게 될 것입니다.

**1930. 1. 29** Letters by a Modern Mystic

# 지금 해야 할 단 한 가지 일

나로서는 알 수 없는 크고 놀라운 계획 가운데 나에게 맡겨진 부분을 감당하면서 그저 시간들을 보내고 있습니다.

작은 일이나마 하나님과 협력하고 있다는 이 느낌은 매우 놀랍습니다. 이제까지 이런 느낌을 가져 본 적이 없기 때문입니다.

나는 무엇인가를 필요로 합니다. 그래서 나를 기다리고 있는 그것을 찾기 위해 두리번거립니다.

그 일은 분명히 내가 해야 합니다.

그러나 하나님이 나와 함께 하십니다.

이 사실을 알면 내 인생의 새로운 미래에 대한 확신과 안정을 느끼게 됩니다.

나는 단 한 가지만 확인하면 됩니다.

나머지는 그냥 내버려 둘 것입니다. 나머지는 모두 하나님께서 하실 테니까요.

내가 해야 할 것은 이 시간 동안 하나님과 끊임없이 마음으로 대화하며 그분의 뜻에 온전히 순종하여 이 시간을 영광스럽고 풍성하게 만드는 일입니다.

이것이 내가 생각해야 할 전부입니다.

**1930. 2. 9** Letters by a Modern Mystic

# 세상을 들어올리는 지레

비록 말로 표현하지는 않더라도 우리의 생각은 항상 세상 주변을 돌고 있다고 확신합니다.

그래서 나는 매순간 나의 생각을 드리려고 합니다.

나는 지금 주변 사람들과 보이지 않는 사람들에게 집중하기 위해 안간힘을 쓰며 노력하고 있습니다. 그들에게 그리스도에 대한 나의 생각을 전달하기 위해서입니다.

나는 군중 속에 있을 때 최대한 열심히 하나님을 생각하려고 합니다. 그 역동적인 생각이 많은 사람들에게 실제로 영향을 미칠 것이라고 확신하기 때문입니다.

아마 당신은 이 생각 속에 얼마나 엄청난 힘이 숨어 있는지 알 것입니다.

그리스도인들, 세상의 진정한 그리스도인들이 생각의 힘

을 이해하기 시작할 때, 그 생각들은 세상을 들어올리는 지레로 사용할 수 있을 것입니다!

만일 사람들이 그 텔레파시가 사실임을 깨닫는다면 틀림없이 그것은 그리스도인들 사이에서 거대한 움직임의 도화선이 되어, 항상 그들의 생각을 바르게 하고 매순간 유용한 사람이 되게 해줄 것입니다.

우리는 신한 생각의 힘으로 세상을 변화시키려고 시도할 것입니다!

**1930. 3. 1** Letters by a Modern Mystic

# 아직 발견되지 않은
# 미지의 영적 세계

보이지 않는 손이 내 손을 붙들고 있으며 또 다른 한 손은 앞을 가리켜서 앞길을 예비합니다.

이 느낌이 날마다 커지고 있습니다. 그렇다고 이 기회를 놓치지 않으려고 긴장할 필요는 없습니다. 마치 파도가 해변으로 계속 밀려오듯이 기회가 거듭거듭 찾아오고 그때마다 뭔가 할 것이 주어지기 때문입니다.

만약 1914년에 안수 받은 목사가 여태까지 매시간, 매순간 단순히 복종하는 것 이상의 어떤 것—그것을 뭐라고 불러야 할지 모르겠습니다만—을 체험하는 기쁨을 갖지 못했다면 부끄러워해야 마땅할 것입니다.

나는 전에 그것을 체험한 적이 있습니다.

하나님께 귀를 기울이는 것 이상의 것을 말입니다. 나는 그것을 경험하려고 노력했습니다. 그러나 내가 지금 체험하고 있는 것을 당신에게나 나 자신에게 설명할 수 있는 적절한 말을 찾을 수가 없습니다. 그것은 의지적인 행동입니다.

나는 내 마음을 하나님을 향해 활짝 열어야만 합니다. 의식적으로 민감함을 유지하면서 귀를 기울이며 기다립니다. 주의를 집중시킵니다.

때로는 이른 아침에 오랫동안 그렇게 합니다. 하나님께 내 마음이 고정될 때까지 침대에서 나오지 않기로 결심합니다. 또한 그러한 마음을 계속 유지하기로 결단합니다.

왜냐하면 내 곁에 있는 다른 사람들의 말과 생각이 끊임없이 나를 이리저리 끌어당기려 하는 것을 느끼기 때문입니다. 하지만 최근에 나는 대부분 이 목적을 오랫동안 잊어버리지 않고 금방 돌아오곤 했습니다.

얼마 지나면 이것이 자연스럽게 습관이 될 것이고, 애써서 노력하는 느낌은 점차 줄어들 것입니다.

그런데 이런 내면적인 체험에 대해서 끊임없이 이야기하

는 이유는 무엇일까요?

그것은 아직까지 발견되지 않은 미지의 영적 세계가 이 글을 읽고 있는 당신과 나를 기다리고 있다는 것을 확신하기 때문입니다. 그것에 비하면 우리는 아직 엄마 품에 안긴 어린 아이와 같습니다.

주변 사람들이 나를 대하는 태도가 달라지고 있습니다. 전에는 도무지 극복할 수 없다고 생각했던 장애물들이 마치 신기루처럼 사라지고 있습니다. 나를 의심하거나 무시했던 사람들이 나와 가까워지고 있습니다. 마치 오케스트라와 화음을 이루지 못하는 바이올린 연주자였던 내가 마침내 전체와 완벽하게 조화를 이루는 기분이 듭니다.

나는 거의 죽은 상태에 가까운 썩어 가는 나무였습니다. 그러다가 마침내 하나님의 뜻을 찾고, 내 속에 있는 모든 것이 거부할지라도 그 뜻을 행하여 결국은 내 생각의 싸움에서 승리하고 말겠다고 다짐하고 또 다짐했습니다. 마치 내 영혼의 깊은 샘이 터지며 힘이 솟아나는 것 같았습니다.

아직까지 단 하루도 성공하지는 못했지만 언젠가는 성공에 가까워질 것입니다. 나는 매일 새로운 발견으로 인하여 기뻐하고 흥분하고 있습니다. 이것은 영원하며 결코 무너뜨릴 수 없는 것입니다.

당신과 나는 머지않아 각자의 몸을 떠날 것입니다. 돈도, 칭찬도, 가난도, 박해도 세월이 가면 다 잊혀질 것들입니다. 그러나 지속적으로 복종하고 집중하는 마음에 찾아온 이 영은 영원한 생명입니다.

**1930. 3. 9** Letters by a Modern Mystic

# 한 없는 기쁨

일생 처음으로 나는 이 외로운 라나오(Lanao)에서 무슨 일을 해야 하는지를 알았습니다. 하나님께서 왜 이렇게 가슴을 에는 공허함을 주셨는지 깨닫게 된 것이지요. 하나님은 친히 내 마음을 채워 주시려는 것입니다.

이 산에서 나는 다음 세 가지를 행해야 합니다.

첫째, 하나님의 뜻을 추구하며 이 발견의 항해를 떠나야 합니다. 세상이 나를 필요로 하기 때문에 그 일을 해야 하는 것입니다.

둘째, 강력한 중보 기도의 실험에 몰입해야 합니다. 하나님이 다른 사람들을 향한 그분의 뜻을 이루시는 데 나의 도움을 필요로 하시며, 나의 기도로 인해 하나님의 능력이 나타난다는 가정을 시험해 보기 위해서입니다.

셋째, 모로족들이 하나님의 사랑을 접하도록 해야 합니다. 비록 그리스도의 이름을 사용하지 않더라도 그 사랑은 그들에게 그리스도를 전해 줄 것입니다. 그들은 내 안에 계신 하나님을 보아야 하며, 나는 그들 안에 계신 하나님을 보아야 합니다. 그들의 종교의 이름을 바꾸기 위해서가 아니라, 그들의 손을 잡고 "오세요, 우리 하나님을 바랍시다."라고 말하기 위해서입니다.

며칠 전에 나는 사제들을 만났습니다. 그들은 35명의 모로족들과 함께 한 배에서 기도하고 있었습니다.

그중 많은 이들이 나에게 함께하자고 했습니다. 그래서 나는 손을 내밀어 그들과 함께 기도했습니다. 그들만큼 아주 간절하게 말입니다. 그중 한 사람이 말했습니다.

"그는 이슬람교도입니다."

나는 대답했습니다.

"이슬람교도의 친구지요."

나의 스승인 다토 팜바야는 이번 주에 틀림없이 선한 이슬람교도는 무슨 일을 시작할 때마다 하나님에 대해 신성한 말을 할 것이라고 했습니다.

즉, 잠자리에 들 때나 길을 걸을 때, 일할 때, 심지어 방향을 바꿀 때도 말입니다. 선한 이슬람교도는 그의 삶을 하나님으로 가득 채우려 할 것입니다. 나는 오히려 선한 이슬람교도가 거의 없을까 봐 걱정입니다.

하지만 정말 그리스도를 닮은 그리스도인은 어떤 일을 할 때마다 하나님께 이야기할 것입니다. 그러나 선한 그리스도인들이 없을까 봐 걱정입니다.

만일 내가 그들을 지금보다 더 하나님으로 충만한 삶으로 인도할 수 없다면, 무슨 자격으로 나나 다른 사람이 여기 와서 이 사람들의 이름을 이슬람교도에서 그리스도인으로 바꾸겠습니까?

분명 여기서 내가 할 일은 도시 광장에 가서 사람들을 개종시키는 것이 아니라, 하나님 품 안에 거하며, 그분의 생각에 전율하고, 그분의 열정으로 불타오르는 것입니다. 그리고 그것은 당신이 당신의 도시에 줄 수 있는 가장 큰 선물입니다.

이 글을 보니, 지금 내 영혼만큼 뜨겁지가 않습니다. 비록 검은 잉크이지만, 이 글은 붉은 잉크로 씌어야 합니다. 당신은 이 타자기 위로 떨어지는 눈물을 볼 수 없을 것입니다. 이 눈물은 한없는 기쁨의 눈물입니다. 지금까지 나에게 가장 놀라운 발견은 영광스러운 순간을 맞이하기 위해 미래까지 기다릴 필요가 없다는 사실입니다.

나는 '나에게 큰 영광이 나타나기를' 하고 노래하며 죽는 순간까지 기다릴 필요가 없습니다. 바로 지금 천국에 갈 수 있습니다. 누구나 언제든지 하나님처럼 부요해질 수 있습니다! 하나님은 인간의 삶을 가지고 실험을 하고 계십니다. 그분은 지금 이 세상에서 수십억 가지의 실험을 하고 계십니다. 하나님의 질문은 이것입니다.

"이 남자와 저 여자가 지금 나와 함께 얼마나 멀리 갈까?"

주님은 우리 모두에게 묻고 계십니다. 다른 사람들은 어떻게 말할지 모르겠지만, 나는 이렇게 물었습니다.

"하나님, 오직 하나님과 함께하는 이 시간이 얼마나 놀라운 시간이 되기를 원하십니까?"

하나님은 이렇게 대답해 주셨습니다.

"지금까지 인간이 살아온 그 어떤 순간보다 멋진 순간이 될 수 있다.

원생동물과 작은 풀들, 물고기와 새와 개와 고릴라, 그리고 인간의 삶을 주관하며 거룩한 아들들을 향해 나아가고 있는 내가 아직 만족하지 못했다. 나는 그저 이 순간을 놀라운 순간으로 만들고 싶은 정도가 아니라, 네가 그리스도를 진정으로 경험하도록 하기 위해 고뇌하며 애쓰고 있다.

너는 얼마나 온전히 복종하며 두려워하지 않을 수 있느냐?"

나는 대답했습니다.

"저의 마음을 하나님의 마음으로 조금도 빈틈없이 채워 주소서. 주의 팔로 나를 붙드시고, 주께서 원하신다면 지금 가장 영광스러운 순간을 경험하게 하소서. 그리고 하나님, 이제 주님과 멀어진 마음으로는 살 수 없을 것 같습니다."

과연 그것이 지속될까요?

그것은 내가 할 질문이 아닙니다. 나는 그저 이 순간을 충실히 보내고, 그 다음 순간으로 나아갈 것입니다. 어제나 내일은 중요하지 않습니다. 지금 매순간이 하나님으로 충만하다면 그것이 영원히 지속되는 것입니다. 일반 사람들에게 이것이 얼마나 '실제적'인 일이 될 수 있을까요?

내 생각엔 저기 있는 농부도 칼릭스토 사니다드 목사처럼 될 수 있습니다. 그는 외롭고 학대받는 농사꾼이었으나 이렇게 말했습니다.

"나는 손으로 쟁기를 잡고 눈은 밭고랑을 보면서 농사일을 했지만, 나의 마음은 언제나 하나님께 향해 있었습니다."

목수는 못을 박으면서도 예수님처럼 하나님으로 충만할 수 있습니다. 직기와 선반 앞에서 일하는 수많은 사람들도 그 시간을 영광스러운 시간으로 만들 수 있습니다. 어떤 사람들은 야간 당직을 하면서 지금까지 살아오면서 경험한 그 어떤 때보다 가장 영광스러운 시간을 보낼 수 있습니다.

하나님의 일은 아직 끝나지 않았습니다. 그분은 지금 인간들의 냉담함을 극복하고 역사하십니다. 그리고 내 생각엔 대개 가난한 사람들이 부자들보다 덜 냉담합니다.

한편 부자에게는 놀라운 헌신의 기회가 있습니다. 그는 자신의 재물이 가장 필요한 곳을 찾으면, 자신의 모든 소유와 함께 자기 자신까지 그것을 위해 바칠 것입니다. 바로 예수님이 부자 청년 관원에게 요구하셨던 것처럼 말입니다. 그때 그의 돈은 하늘나라의 황금실로 변할 것입니다.

다른 길이 있을지도 모르나, 내가 들어간 그 문을 통과하지 않는 한 부자들에게는 막다른 길만 있을 뿐입니다. 그것은 갈보리 뒤에서 고통을 감수하는 희생입니다.

창밖의 하늘에는 금빛 일몰이 아름답게 빛나고 있습니다.

나에게는 그것이 바로 하늘에서 일하고 계신 하나님을 보여 줍니다. 이 오후에 내 안에서 그렇게 놀랍게 역사하셨듯이 말입니다.

**1930. 3. 15.** Letters by a Modern Mystic

# 영혼과 영혼, 얼굴과 얼굴을 맞대고 하나님을 만나다

이 글에 '재회심 이야기'라는 제목을 붙여도 될 것 같습니다. 이러한 일이 계속 진행되고 있기 때문입니다.

이번 주에는 고독한 가운데 새로운 체험, 어쩌면 내게는 신비할 정도로 놀라운 체험을 했습니다. 나는 너무나도 외로웠기 때문에 하나님과 대화하지 않고는 도무지 견딜 수 없었습니다. 그래서 이번 주는 깨어 있는 동안 내내 하나님을 바라보며 지냈습니다. 그러지 않은 시간은 하루에 한두 시간 정도뿐이었습니다.

지난 목요일 밤에는 룸바탄(Lumbatan)에서 전축을 들으며 하나님과 교제하려는 마음을 기울이고 있었습니다. 그때 내 마음에서 어떤 일이 일어났습니다.

그리하여 나는 내 의지를 들어 온전히 하나님께 드리고 싶다는 갈망을 하게 되었습니다. 또한 세상 모든 사람들의 의지를 온전히 하나님의 뜻에 복종시키고 싶었습니다. 나의 온몸으로 느껴지는 이 큰 열망, 온 세상의 굶주림과 필요를 짊어지고 모든 것을 하나님께 가져가고픈 열망은 사람이 느낄 수 있는 가장 고귀한 열망이 아닐까요? 그것은 지금까지 나의 영적 경험의 절정이었습니다.

내 머릿속이 하나님에 대한 생각으로 가득하고, 세상 모든 사람들의 머릿속이 하나님 생각으로 가득하고, 그래서 다른 어떤 생각도 인간의 마음에 떠오르지 않게 하소서.

이것이 바로 천국일 것입니다! 이것은 한없이 풍성한 경험이었습니다. 내가 이제까지 행해 왔던 방법, 즉 끝없이 경건 서적을 읽는 방법에 비하면 하나님을 마주 대면하여 직접 체험하는 이것이야말로 한없이 풍성한 것이었습니다.

이제는 성경을 읽는 일조차도 영혼과 영혼, 얼굴과 얼굴을 맞대고 하나님을 뵙는 일을 대치할 수는 없다는 생각이 들 정도입니다.

그러면 이 새로운 친밀함은 어떻게 이루어질까요?

이제는 알 수 있습니다. 내 마음이 깊이 고뇌함으로써 가능한 것입니다.

지난 주 어떤 사람이 이런 말을 했습니다. 어떤 악기로도 영혼의 깊은 고뇌를 통해 유순해지는 인간의 깊은 갈망을 제대로 표현할 수 없을 거라고 말입니다.

하나님의 마음에 도달하는 길이 이것뿐이라는 말은 아닙니다. 다만 이 방법이 내가 이제껏 들어가 보지 못했던 내면 세계로 인도해 주었다는 사실을 증거하고 싶습니다.

**1930. 3. 23** Letters by a Modern Mystic

# 늘 하나님의 생각을
한 수 있을까?

우리는 때때로 하나님과 새로운 접촉을 경험하고, 때때로 그분의 뜻을 행합니다.

하나님과의 그런 접촉을 늘 계속할 수 있을까요?

지금 이 순간 검토해 보아야 할 문제가 바로 이것입니다.

잠이 깨어 있는 동안 내내 하나님의 임재를 체험하다가, 주님의 품에서 잠들고, 주님의 임재 속에서 깰 수는 없을까요?

우리가 그렇게 할 수 있을까요?

항상 하나님의 뜻을 행할 수는 없을까요?

늘 하나님의 생각을 할 수는 없을까요?

그리고 일을 하거나 오락을 할 때, 그리고 여러 사람들과 함께 있을 때는 우리 생각 속에서 하나님을 꼭 제쳐놓을 수

밖에 없을까요?

"물론, 그것은 자명한 사실입니다. 만일 어떤 사람이 항상 하나님만 생각한다면, 그는 다른 어떤 일도 하지 않을 것입니다."

지금까지는 나도 그렇게 생각했습니다. 하지만 내 생각이 바뀌고 있습니다. 우리는 동시에 두 가지를 생각할 수 없습니다. 사실, 우리는 한 가지를 2분의 1초 동안도 계속 생각할 수 없습니다. 우리의 생각은 끊임없이 흘러갑니다. 우리의 생각은 계속하여 움직입니다.

집중한다는 것은 동일한 문제에 계속적으로 수백만 가지의 각도에서 접근한다는 것입니다. 우리는 언제나 최소한 두 가지를 관련시켜 생각합니다. 아니 세 가지 이상을 한꺼번에 관련시켜 생각하는 경우도 있습니다.

"하나님이 늘 내 생각 속에 계시도록 매순간마다 주님을 돌이켜 생각할 수는 없을까?"

이것이 나의 고민입니다. 이제 나는 나의 여생 동안 이 문제에 대한 답을 찾는 실험을 하겠다고 결심합니다.

하나님에 대한 의식을 성취하려는 이런 성찰과 노력을 어떤 이들은 비정상적이고 위험스러운 행동이라고 말할 것입니다. 그러나 나는 이런 위험을 무릅쓸 것입니다. 누군가가 이 일을 해야만 하기 때문입니다.

만일 우리 종교에서 말하는 것이 정말 올바른 것이라면, 하나님과 하나 되는 이것은 우리가 도달할 수 있는 지극히 정상적인 것입니다. 이것은 그리스도로 하여금 그리스도 되게 하는 것입니다.

또한 이것이 어거스틴(Augustine)이 "주께서는 주를 위하여 우리를 지으셨나이다. 그리하여 우리 영혼은 주 안에서 안식을 찾을 때까지는 안식할 수 없나이다."라고 한 말의 의미입니다. 나는 인내가 필요한 이 힘든 길을 따라 나서라고 다른 누구에게도 청하지 않습니다. 많은 사람이 스스로 그렇게 하게 되기를 바랄 뿐입니다. 우리는 혼자만으로는 대답할 수 없다는 것을 알아야 할 필요가 있습니다. 예를 들어 보겠습니다.

"하나님께 끊임없이 굴복하는 이 일을 노동에 종사하는 사람이 성취할 수 있을까요? 기계 앞에서 일하는 사람이 온 종일 사람들을 위하여 기도할 수 있으며, 온 종일 하나님과 대화할 수 있으며, 그러면서도 자기 일을 효과적으로 해낼 수 있을까요?"

"장사하는 사람이 장사를 하면서, 그리고 회계 일 하는 사람이 회계 일을 보면서 동시에 끊임없이 자신을 하나님께 드릴 수 있을까요?"

"아기 엄마가 설거지를 하면서, 아기를 돌보면서, 끊임없이 하나님과 대화를 할 수 있을까요?"

"정치가가 계속 하나님과의 접촉을 유지하면서 군중을 이끌 수 있을까요?"

"어린아이들이 하루 종일 내적으로 하나님께 이야기하고 하나님의 말씀을 듣도록 가르침을 받을 수 있을까요? 또 그 결과는 어떻게 나타날까요?"

온 인류가 이러한 상태에 도달하기를 바라는 것이 타당한 일일까요?

우리가 항상 "인간의 가장 숭고한 목적은 하나님을 찾고 그분의 뜻을 행하는 것이다."라고 거듭 말할 때 그 말의 진정한 의미는 무엇일까요?

나 같은 사람은 이 문제로 심각한 고민에 빠질 것입니다. 낙담에 빠질 수도 있습니다. 그래서 나는 좀 더 간단하고 좀 더 도달하기 쉬운 것을 제시하려고 합니다.

어느 날 어느 시간 동안은 결심함으로써 온전할 수 있을 것입니다. 그 시간 동안 하나님을 바라보면서, 하나님의 인도하심을 기다리고, 사소한 일 하나까지도 하나님께서 원하시는 대로 하려고 최선을 다해 노력한다면 그 시간은 온전한 것입니다. 아무런 감정도 필요하지 않습니다.

다만 하나님의 뜻을 온전히 행하기만 하면 그 시간은 온전한 것입니다. 그리고 그 온전한 시간의 결과가 영원히 이어질 것이라 믿습니다.

**1930. 4. 18** Letters by a Modern Mystic

# 하나님께 사로잡히는 기쁨

하나님과의 교제에서 맛본 감동으로 인해 이제는 하나님과 조화되지 않는 것은 어느 것이든 역겹게 느껴집니다.

오늘 오후에는 하나님께 사로잡히는 것이 나에게 엄청난 기쁨으로 다가왔습니다. 이런 느낌은 지금까지 한번도 경험해 본 적이 없습니다.

하나님이 무척이나 가깝고 다정스럽게 여겨져서 다른 것들을 통해 얻는 만족은 비할 바가 아니었습니다. 이런 경험을 이제 일주일에 서너 차례씩 하게 됩니다. 이 경험을 한 후부터는 다른 것들이 주는 매력이 싫어집니다. 그것들은 나를 하나님께로부터 멀어지게 하기 때문입니다. 하나님과 한 시간 동안 친밀한 교제를 하고 나면 내 영혼은 지금 막 내린 눈같이 맑아져 있음을 느낍니다.

어디를 가나 사람들은 아름답습니다. 혹은 적어도 그들에게 아름다운 면이 있습니다.

지난주에 마닐라에서 오는 배 안에서 짙은 화장을 한 여인이 홀로 있는 것을 보았습니다. 그녀가 외로워 보이기에 말을 걸었습니다. 근처에 있던 선원 세 사람이 무슨 남녀간의 스캔들이라도 나는 것으로 생각했는지 소리 죽여 웃고 있었습니다. 그래서 나는 일부러 그들에게 들리도록 크게 이야기했습니다. 나는 하나님을 찾고 있다고 말했습니다. 그녀는 설교자처럼 자연스럽게 대답했습니다.

"우리의 눈을 열기만 한다면, 하나님은 우리 주변에, 우리 안에 어디에나 계십니다. 온 세상은 아름답습니다. 우리에게 그 아름다움을 볼 수 있는 눈만 있다면 말입니다. 왜냐하면 세상은 하나님으로 가득하니까요."

"감사합니다. 정말 멋진 말이군요! 그런데 세부에는 무슨 일로 가십니까?"

내가 말했습니다.

"저의 특별한 연극을 위해서지요. 저는 일곱 개의 거울 앞에서 춤을 춰요. 제가 아는 한 세상에서 다른 누구도 이런 연극을 한 적이 없어요. 저는 혼자 여행하고, 혼자 계약을 하지요. 따로 사람을 쓰려면 너무 비싸거든요. 저는 인도를 거쳐 가면서 정말 멋진 대우를 받았어요. 정말 놀라울 정도였지요!"

그 말을 할 때 보았던 그녀의 피곤한 눈빛이 오래 기억에 남았습니다.

"그리고 마닐라에선 많은 사람들이 저에게 다시 돌아와 달라며 따뜻한 편지를 보냈어요. 정말 세상엔 좋은 사람들이 너무 많아요."

저녁식사 벨이 울리자 내가 말했습니다.

"저는 멋진 순간들을 찾아 세상을 돌아다니고 있습니다. 그리고 이 순간을 그중 하나로 기억할 것입니다."

**1930. 4. 19** Letters by a Modern Mystic

# 끊임없이 하나님께 복종하는 것은
## 지극히 어려운 일이다

　의식적으로, 끊임없이 하나님께 복종하는 것은 지극히 어려운 일입니다.

　나는 지난 며칠간 포기하고 지냈습니다. 그리고 오늘과 어제 그 결과의 증거를 보았습니다. 재치 있게 말하려고 하다가 나는 그만 다른 사람들의 감정을 상하게 하는 말을 내뱉고 말았습니다. 그리고 조급해졌습니다. 적어도 이들 중 한 사람에게 이 시도에 대해 이야기한 적이 있기에, 그가 이것을 그 결과라고 생각할까 봐 마음이 떨립니다.

　사람들에게 이야기하는 것은 매우 위험한 일입니다. 그러나 나는 말해야 합니다. 그리고 지금 다시 시작해서 계속해 나가야 합니다.

사람은 언제든지 그 자리에서 다시 시작할 수 있다는 철학이 매우 큰 도움이 되고 있습니다.

하나님을 만나려는 영혼의 노력에 대한 이 기록이 온전하기 위해서는 이 과정에서 겪은 실패와 어려움을 빼놓아서는 안 될 것입니다.

한 예로 이번 주간은 평균보다는 나았지만 그렇다고 내 생애 최고의 주간은 아니었습니다. 나는 어려운 일을 시작했습니다. 그것은 내 나이로 보아서는 힘든 일, 아니 내가 예상했던 것에 비해서 어려운 일입니다. 그렇지만 절대 포기하지 않기로 결심했습니다. 하지만 긴장한다고 되는 것 같지는 않습니다. 내 속에서 뭔가를 포기하는 순간 하나님께서 다가오시는 것입니다! 이것이야말로 마음을 녹이는 '하나님의 임재'요, 아버지가 아이에게 주는 다정한 속삭임입니다.

그러므로 내가 이제까지 이런 체험을 하지 못했던 이유는 포기하는 일에 실패했기 때문입니다.

그 실패의 배후에는 다른 원인도 있었습니다. 사람들은 군중 속에 있을 때 대화하고 싶어 하거나 종교를 중요시하지 않는 사람에게 다가갑니다. 나는 사람들의 관심을 받지 못할까 봐 두려워 사람들이 나를 종교적인 사람으로 생각하는 것을 원치 않았던 것 같습니다.

하나님과의 교제는 함부로 다루어서는 안 됩니다. 그러다가는 교제가 곧 숨이 막혀 죽어 버리기 때문입니다.

이 교제는 마치 갓 태어난 어린 아기와 같고 땅에서 갓 솟아난 연한 새싹과 같습니다. 그러기에 이 교제는 오랫동안 가꾸고 키워야 합니다. 이것은 우리의 눈이 '오로지 한 곳에 집중하기'를 그치는 바로 그 순간, 순식간에 사라져 버릴 수 있기 때문입니다.

하나님과 재물을 겸하여 섬길 수 없습니다.

우리가 다른 부당한 것에 대한 애정을 하나님의 보좌 옆에 앉히려 하는 순간 하나님은 슬그머니 그 자리를 빠져나가 버리십니다.

다른 우상이 들어오면 하나님은 떠나십니다. 하나님이 '질투하시는 하나님'이시기 때문이 아니라, 성실과 불성실은 서로 모순이라서 동시에 같은 장소에 함께 존재할 수 없기 때문입니다.

**1930. 4. 22** Letters by a Modern Mystic

# 하나님을 향해 자신을 열어 놓고 깨어 있으라

이 '실험'은 아직까지는 그리 성공적이지 못했지만 아주 흥미로운 것입니다. 내가 생각하기에, 지금까지 하루의 3분의 2 정도는 하나님에 대한 생각이 내 머리 속에서 떠나 있는 것 같습니다.

오늘 아침에는 신선한 출발을 했습니다. 해 돋을 무렵 하나님을 풍성히 체험한 것입니다. 그래서 나는 면도하는 동안과 옷을 입는 동안, 그리고 아침을 먹는 동안에도 하나님께서 내 손을 붙들게 하려고 했습니다. 지금 타자기 자판을 두드리는 순간에도 하나님께서 내 손을 붙들고 계시게 하려고 노력하고 있습니다.

만일 내가 이 아침의 상태를 계속 유지할 수 있다면, 오늘은 다른 때보다 꽤 높은 평균치를 기록할 것입니다.

오후에는 주변의 수많은 사람들을 보면서 하나님의 관점에 대해 생각해 보았습니다. 나는 하나님께서 지금까지 사람들을 위로 끌어올리신 것처럼 앞으로도 오랫동안 그 일을 계속하셔야 한다고 생각합니다. 우리는 영적 거장들의 상태에 도달하려면 아직도 멀었습니다.

여기서 선택된 자들은 자기 자신을 항상 하나님을 향해 활짝 열어 놓고 늘 깨어 있는 사람들입니다.

우리의 가능성은 무한하지 않습니다. 하지만 그들은 적어도 현재 우리가 상상할 수 있는 가능성을 훨씬 뛰어넘는 자들입니다. 우리 자신을 하나님께 열어 드리는 것 외에는 우리가 할 수 있는 일이 없습니다. 하나님께서는 많은 것을 가지고 계시지만 우리에게 주시는 것은 그보다 훨씬 적습니다. 그 이유는 우리가 너무나 게으르고 너무나 작기 때문입니다.

하나님의 생각을 열심히 추구하면서 "하나님, 만일 내가 입을 충분히 크게 벌린다면 무엇을 넣어 주시겠습니까?"라는 질문을 하는 습관을 들인다면 큰 도움이 될 것입니다.

그런 기다림, 다시 말해 그런 열렬한 자세는 하나님께 필요한 기회를 드리게 됩니다.

나는 하나님과의 교제를 계속 유지하기 위해 여러 방법들을 시도하고 있는데, 그 가운데 가장 좋은 것은 하나님의 생각을 기다리며 하나님께 말씀해 달라고 구하는 것입니다.

**1930. 5. 14** Letters by a Modern Mystic

# 효력있는 생각

하나님과 끊임없이 교제하려고 하는 이 생각, 하나님을 내 생각의 대상으로 삼고 내 대화의 동무로 삼으려고 하는 이 생각은 지금까지 나에게 떠올랐던 생각들 가운데 가장 놀라운 것입니다. 그것은 정말 효력이 있습니다.

아직까지는 반나절도 그렇게 하지 못합니다. 하지만 언젠가는 온종일 그렇게 할 수 있으리라 생각합니다.

이것은 새롭게 생각하는 습관을 들이는 문제입니다.

지금은 주님의 임재가 무척 좋기 때문에 주님을 반시간 동안만 생각하지 못해도 – 지금은 그런 일이 하루에 몇 차례씩 있습니다. – 마치 내가 주님을 버린 것 같은 기분이 들고, 내 인생에서 매우 고귀한 무엇을 잃은 것 같습니다.

**1930. 5. 24** Letters by a Modern Mystic

# 하나님을 향한
# 죽은 영혼들의 눈빛

  이번 주는 정말 놀라운 한 주였습니다. 하나님은 준비된 모든 곳에서 일하십니다. 지금 그 놀라운 일들 중 몇 가지를 이야기하려 합니다.

  그날은 매우 풍성했으나 격렬했습니다.

  그래서 나는 집 뒤에 있는 시그닐 언덕을 올랐습니다. 언덕을 올라가 꼭대기에 머물면서, 그리고 다시 언덕을 내려오면서 내내 하나님과 이야기하고 그분 음성에 귀를 기울였습니다. 그러자 하나님이 응답하셨습니다!

  혀의 긴장이 풀리면서 입에서 자연스럽게 아름다운 시가 흘러나왔습니다. 그전에 지었던 어떤 시보다 더 아름다운 시였습니다.

시는 쉬지 않고 흘러나왔고, 30분 동안 한 음절도 놓치지 않았습니다. 나는 기쁨과 감사로 충만하여 내 입에서 흘러나오는 시를 경탄하며 들었습니다.

옆에 녹음기가 있었다면 당장 녹음했을 것입니다. 그러나 아쉽게도 그 역사적인 순간을 테이프에 담지 못했고, 지금 나는 그 시를 기억하지 못합니다.

어떤 사람은 이렇게 물을 것입니다.

"어차피 기억 못 하고 사람들에게 전달하지도 못할 텐데, 왜 하나님께서 그런 시를 쓸데없이 당신에게만 주셨을까요?"

그것은 하나님께 여쭤 보아야 합니다. 내가 아는 것은 그저 하나님께서 그 일을 하셨고 나는 그 일을 떠올리면 행복하다는 사실입니다. 나는 아래 있는 논을 바라보며 이렇게 큰 소리로 말했습니다.

"어린아이는 벼처럼 매일 햇빛을 받아야 한다. 일주일에 한 번이나 하루에 한 시간만 햇빛을 받으면 자랄 수 없다. 마찬가지로 너에게도 매일, 하루 종일 내가 필요하다. 세상 사람들은 좀처럼 하나님을 향해 마음을 열지 않기 때문에 그렇게 시들시들한 것이다. 깨어 있는 순간만으로는 부족하다."

몇 달 전에 나는 '하나님을 발견함'에 대한 장을 쓰려고 했습니다. 나는 하나님을 발견하는 것이 지속적인 과정이라는 것을 알았습니다. 매일매일 하나님의 새로운 면과 그분의 역사하심을 새롭게 알게 됩니다.

어떤 사람이 친구들과 함께 지내면서 친구들에 대해 새로운 발견을 하게 되는 것처럼, 끊임없이 하나님을 생각한다면 하나님의 '개성'을 발견하게 될 것입니다. 내가 이번 주에 알게 된 것은 하나님이 아름다운 것을 사랑하신다는 점입니다.

그분이 만드신 모든 것이 사랑스럽습니다. 구름, 흐르는 강, 호수, 높이 날아오르는 독수리, 연한 풀잎, 바람의 속삭임, 훨훨 나는 나비… 이 모두가 하나님의 놀라운 솜씨입니다! 내가 하루 종일 하나님께 문을 열어 놓으면, 그분이 나의 생각을 온통 아름답게 하실 것입니다.

내가 이 마음의 창들을 한쪽으로 던져 놓고 '하나님, 이제 무엇을 생각할까요?'라고 말한다면, 그분은 언제나 우아하고 부드러운 꿈속에서 응답하실 것입니다.

또한 나는 하나님이 사랑에 굶주리셨다는 것을 알고 있습니다. 왜냐하면 그분은 항상 한번도 다가가 본 적이 없는 우둔하고 죽은 영혼을 가리키시며, 둔감하고 완고하게 닫힌 마음에 다가가도록 도와달라고 나에게 촉구하십니다.

오, 하나님, 저는 이 모로족들과 함께 주님을 도와드리고 싶습니다. 또한 이 미국인들과 함께! 이 필리핀인들과 함께!

온종일 나는 하나님을 향해 죽은 영혼들이 굶주린 눈으로 슬프게 바라보는 것을 봅니다. 내가 발견한 것을 그들에게 알리고 싶습니다!

어떤 순간도 행복할 수 있고, 어떤 장소도 천국이 될 수 있습니다. 어느 누구나 하나님을 소유할 수 있습니다. 모든 사람은 하나님께 이야기하는 순간, 또는 하나님의 말씀을 듣는 순간 하나님을 소유하는 것입니다.

나 자신을 분석해 보겠습니다. 주님을 매순간 내 마음속에 모시기 위해 지난 두 달 동안 애써서 노력한 결과 몇 가지 일이 일어났음을 발견하게 됩니다. 하나님께만 생각을 집중하는 이 일은 매우 힘이 듭니다. 그러나 그로 인해 다른 모든 일은 힘이 들지 않게 되었습니다.

나의 생각은 더 명확하게 되었고, 하나님을 잊는 일도 덜해

졌습니다. 전에는 힘을 들여야 할 수 있던 일이 이제는 별다른 노력을 하지 않고도 쉽게 이루어집니다. 나는 아무것도 염려하지 않게 되었고 잠도 설치지 않게 되었습니다. 또 대부분의 시간을 즐거운 기분으로 지내게 되었습니다. 심지어 거울을 보면 내 눈과 얼굴에서 새로운 빛이 도는 것 같습니다. 모든 것이 순조롭게 돌아가고 있습니다. 매순간 나는 그것을 별로 중요하지 않은 것처럼 가볍게 맞이합니다.

 단 한 가지를 제외하고 모든 것이 순조롭습니다. 그 단 한 가지란 내가 주의를 게을리 하면 하나님께서 내 생각 속에서 빠져 나가신다는 것입니다. 내게 하나님이 계시면 우주가 있는 것입니다. 그러므로 내가 해야 할 일은 단순하고 분명합니다. 그리고 나는 세상이 반응하는 방식을 봅니다. 라나오와 모로족을 예로 들면, 그들의 반응은 나를 끊임없이 놀라게 합니다. 나는 그들을 위해 기도하고, 그들 사이에서 하나님을 생각하며 걷는 것밖에 하는 일이 없습니다.

 그들은 내가 개신교도라는 것을 압니다. 그러나 지도자격인 이슬람교 제사장 두 명이 지역을 돌면서 모든 사람들에게 내가 하나님을 알도록 도와줄 것이라고 말했습니다.

**1930. 6. 1** Letters by a Modern Mystic

# 한 가지 새로운 교훈

내적으로 평탄치 않은 한 주간이었습니다. 대부분 나의 실험 목표를 이루지 못했습니다.

육적인 상태와 매우 산만한 환경이 너무 버거웠습니다. 또한 그 시간의 5분의 1 내지 10분의 1 정도는 하나님이 내 마음의 중심에 계시지 않았습니다.

하지만 오늘은 아주 놀라운 날이었습니다. 그리고 어제도 몇 시간은 아주 좋았습니다. 실패와 성공이 함께한 이 주간은 나에게 다음과 같은 한 가지 새로운 교훈을 가르쳐 주었습니다.

"나는 하나님에 대해 말해야 한다. 그렇지 않으면 그분을 내 마음속에 계속 둘 수 없다. 나는 하나님을 소유하기 위해 그분을 전해야 한다."

이것이 영적 세계의 법칙입니다.

나눠 주면 갖게 되고, 자기가 간직하면 잃게 됩니다.

하나님과의 교제를 유지하기 위해 지불해야 할 대가를 우리는 한없이 드리기만 해야 하는 것이라고 생각합니까?

**1930. 6. 3** Letters by a Modern Mystic

# 천국 짓는 비결

내가 하고 있는 이 실험은 지금까지 사람이 시도해 왔던 그 어떤 것보다 더 많은 노력을 요하는 훈련입니다. 사실 하루의 많은 시간 동안 하나님을 내 마음에 두는 것은 어렵습니다.

첫 번째 실험은 실패율이 아주 높았습니다. 그러나 다른 실험은 아주 성공적이어서 첫 실험의 실패를 보상해 주었습니다.

하나님께서는 변화를 일으키십니다. 하나님께로 돌이키는 순간에는 마치 전기가 통하는 것 같습니다. 나는 그것을 내 존재 전체를 통해 느낄 수 있습니다. 이러한 노력은 나에게 대단한 것을 가져다줍니다. 그것은 모든 사람이 노력할 필요가 있을 정도로 대단합니다. 내가 받는 그것은 내 마음을 예리하게 만들고 집중해야 할 정도로 까다로운 것입니다.

누구든 생각이 무디어져서 그 예리함을 상실하게 내버려 두고 싶은 유혹을 끊임없이 받습니다. 나는 다른 사람들보다 정신적으로 더 게으른 것 같아서 이런 끊임없는 노력과 정신 훈련이 필요합니다.

현재 나의 두 가지 질문에 대한 답은 다음과 같습니다.

첫째, "그것을 항상 할 수 있는가?"
"거의 그럴 수 없다."

둘째, "그러한 노력이 도움이 되는가?"
"엄청나게 도움이 된다. 나는 이처럼 몸과 마음에 활력을 주는 것을 발견하지 못했다."

당신은 자신을 위한 거룩한 궁전을 짓고 있습니까? 내가 '궁전'이라는 단어를 쓴 것은, 어느 집이든 거룩하게 될 때 '궁전'이 되기 때문입니다.

내 생애를 통틀어 가장 중요한 발견은, 아무리 초라한 오두막집이라도 하나님께서 충만하게 임재하시면 그곳이 궁전이 될 수 있다는 것입니다.

이런 작은 집에서 매일 하나님을 생각하면서 여러 달 동안을 보내고 나면, 이 집에 들어가기만 해도, 이 집을 보기만 해도 가슴이 뛰고 생각이 넘치게 됩니다.

나는 가장 좋은 글을 쓰기 위해, 또한 가장 풍성한 생각을 하기 위해 나의 집을 가져야 하는 상황에 이르렀습니다. 사람들은 집을 마련하면서 자신의 천국 또는 자신의 지옥을 짓습니다. 지금 있는 곳이 어디인지는 중요하지 않습니다. 그곳에 있는 동안 생각을 통해 즉시 천국을 짓기 시작할 수 있습니다. 나는 어디서든 천국 짓는 비결을 배웠습니다.

이 아침에 나는 잠시 과학자들의 헌신에 대한 글을 읽었습니다. 그들은 정확한 일기예보를 위해, 또 태양의 힘을 사용하는 법을 알기 위해 태양에 관한 아주 세밀한 부분들을 연구하는 데 몰두하고 있습니다.

나는 아직 성공한 과학자들처럼 모든 것을 포기하고 이 마음의 실험에 온전히 몰입하지 못했음을 느낍니다. 우리는 이런 말을 듣습니다.

"사람의 실패는 모두 그 자신 안에 있다."

아직 나는 이 싸움에서 승리하기 위해 '피 흘리기까지는' 하지 않았음을 솔직히 고백합니다.

다만 내가 증명하고자 하는 것은 이 일은 모든 사람이 모든 상황에서 이룰 수 있다는 것입니다.

그러나 아직까지는 그것을 입증하지 못했습니다. 다만 예수님이 하셨던 일이 엄청나게 높은 차원의 것이었다는 사실만큼은 압니다.

이 순간, 나와 동일한 욕망과 갈망, 절망과 실패의 긴 과정을 거쳐 온 사람을 만나 밤새도록 대화를 나누고 싶은 욕구가 심한 외로움과 함께 엄습해 옵니다. 그렇지만 아직까지는 그런 사람이 없습니다.

나이가 들수록 우리의 길은 각기 다르게 됩니다. 이 세상에서 나를 온전히 이해할 수 있는 사람은 하나도 없습니다. 당신도 마찬가지일 것입니다!

다만 하나님만은 예외입니다.

오, 주님만이 모든 것을 아십니다. 주님은 나를 이해하실 수 있습니다.

이 깨달음이 주님과 나 사이를 얼마나 새롭게 하는지요.

하나님, 하나님께서는 이제 낯선 분이 아니십니다!

오직 주님만이 이 우주 가운데서 조금도 낯설지 않은 분이십니다.

주님은 늘 내 안에 계십니다. 지금도 계십니다.

나는 오늘도 내일도 주님을 한 차례도 놓치지 않기 위해 전에 없이 애쓸 것입니다.

주님께서 모든 시간을 주장하실 때 비로소 주께서 원하시는 일이 이루어질 수 있습니다.

**1930. 6. 15.** Letters by a Modern Mystic

# 하나님이 주신 사랑으로
# 사람들을 바라보다

　나는 모로족들로 가득 찬 길을 걸어갑니다. 때때로 내 영혼이 하나님으로 충만할 때는 그들의 눈을 들여다보며 그들을 위해 기도합니다. 그 누구도 하나님은 그들에게 다가가시지 않는다고 나를 설득할 수 없습니다. 왜냐하면 나는 그 일이 일어나는 것을 보기 때문입니다.

　또한 지금 우리가 만나는 모든 사람들이 바로 하나님의 기회라는 것을 압니다. 다만 우리가 많은 시간을 하나님과 단절된 채 보내지만 않는다면 말입니다.

　지난 월요일은, 나의 하루를 온전히 그리고 지속적으로 하나님께 드리는 문제에 관한 한, 지금까지 살아오는 동안 가장 완벽하게 성공한 날이었습니다.

그리하여 내가 하나님께서 주신 사랑으로 사람들을 바라보았을 때, 그들도 나와 동행하기를 원하는 것처럼 나를 바라보며 행동했던 일이 기억납니다.

그때 나는 종일 예수님이 하나님과의 끊임없는 교제로 인해 광채가 나며 '하나님께 흠뻑 취한' 모습으로 하루하루를 살아가셨을 때 가졌던 매력을 조금이나마 느낄 수 있었습니다.

**1930. 6. 22** Letters by a Modern Mystic

# 자동문을 열고 닫는 것만큼 간단한 일

 나는 홀로 걷다가 방금 돌아왔습니다. 그 시간이 너무 좋아 그것을 법으로 만들고 싶을 정도입니다. 모든 사람은 아무도 듣는 사람 없이 큰 소리로 말할 수 있는 곳을 매일 밤 혼자 걸어야 한다는 법을 말입니다.

 또한 이렇게 걷는 동안 그들은 모두 하나님과 이야기해야 합니다. 하나님이 그들의 혀를 사용하여 화답하시도록 해야 하며, 대화의 대부분을 하나님이 하시도록 해야 합니다. 이것이 요즘 몇 주 동안 내가 찾던 바로 그것인 것 같습니다.

 당신은 나의 실험을 따라오며, 내가 하나님을 내 마음에 두려고 노력하면서 실패한 많은 고백들을 보았습니다.

 그런데 오늘은 실패하지 않았습니다. 이따금씩 하나님에

대한 생각이 표류했지만, 오래가지는 않았습니다.

오늘이 다른 날들과 달랐던 것은, 내가 하나님께 이야기하고 있다고 느끼면서 기도하려고 애쓴 것이 아니라, 하나님이 나의 혀로, 또는 내 혀는 잠잠한데 나의 내적인 삶 속에서 말씀하시도록 했다는 점입니다.

그것은 자동문을 열고 닫는 것만큼 간단한 일이었습니다. 오래된 긴장감도 없이, 나에게 놀라운 것을 말씀하시는 하나님과 함께 하루가 아름답게 지나갔습니다.

**1930. 7. 2** Letters by a Modern Mystic

## 자연을 통해
## 말씀하시는 하나님

　가장 새로운 실험, 그리고 현재 가장 감격스러운 일은 바로 하나님께서 나의 혀를 통해 말씀하시고 자판을 두드리는 나의 손을 통해 말씀하시도록 하는 것입니다.

　나는 집 뒤에 있는 시그닐 언덕에서 내 혀가 이야기하도록 했습니다. 그리고 집에 와서 기억나는 모든 것을 기록했습니다.
　"나는 너의 혀를 통해서만 너에게 이야기하는 것이 아니라, 네가 자연 속에서 보는 모든 것을 통해 이야기한다. 이 일몰의 아름다움을 통해, 네가 하는 말을 이해하지 못하고 네 곁에 서 있는, 또한 네가 구름 속에서 무엇을 보고 있는지

궁금해 하는 작은 모로 소년을 통해 말한다.

때때로 내가 언어로 너에게 이야기하지 않는 것은, 너를 둘러싼 현실 세계가 언어에 담긴 불완전한 상징보다 더 훌륭하기 때문이다.

반드시 너의 혀로 말하거나, 어떤 분명한 생각이 마음에 떠올라야 하는 것은 아니다. 왜냐하면 나 자신이, 내가 너에게 줄 수 있는 그 어떤 것보다, 심지어 가장 훌륭한 사상들보다도 훨씬 더 중요하기 때문이다.

그러므로 어떤 생각이 떠오르면 기쁘게 받아들이고, 그것들이 그냥 흘러가 버리지 않을 때는 간직하며 사랑하고, 또한 내가 너에게 사랑받는 기쁨을 함께 누리게 해주어라.

왜냐하면 나 또한 본성적으로 너희 모두의 사랑을 애타게 갈망하기 때문이다. 너의 사랑이 최고조에 달했을 때 네 주변의 모든 사람들을 사랑하게 되듯이 말이다.

그러니 애야, 사람들은 어리석게 나를 두려워하며 내 선물을 받기 위해 아첨하지만, 나는 비굴한 복종보다는 사랑과 우정을 더 원한단다. 우리가 서로 사랑하는 동안, 나도 너 못지않게 사랑에 예민하단다."

이렇게 내 혀가 말한 것을 기록한 이유는 그중 어떤 것을 예언으로 제시하려는 것이 아닙니다.

다만 그것이 하나님과의 교제에 만족하지 못하는 사람들, 하나님과의 교제를 더 깊이 체험하기 원하는 사람들에게 도움이 될 거라고 생각하기 때문입니다.

다른 사람들은 중요하지 않게 생각할지 모르나, 개인적으로 나에게는 이것이 날마다 매우 큰 도움이 되고 있습니다. 이것은 '신비주의'에 해당되는 것이기 때문에 비판받을 소지가 있다는 것을 잘 알고 있습니다.

신비를 믿지 않고도 예수님을 믿을 수 있다고 생각하는 사람들이 있기 때문입니다. 또는 하나님과 직접적인 만남을 갖거나, 하니님으로부터 직접 말씀을 듣는 일은 신약의 마감과 함께 중단되었다고 생각하는 사람들이 많이 있기 때문입니다. 그렇지만 비판을 두려워하여 아무 일도 하지 못한다면 얼마나 어리석은 세상이 되겠습니까!

**1930. 7. 9**  Letters by a Modern Mystic

# 평생 누릴 수 있는 것

지금처럼 소리 안 나는 타자기의 필요성을 절실히 느껴 본 적이 없습니다. 오늘밤 타자기 두드리는 소리가 언덕의 놀라운 정적을 깨고 있기 때문입니다. 나는 여전히 그 정적과 일몰의 광경에 매료되어 있습니다.

내 생애에서 오늘밤만큼 라나오가 아름다운 적이 없습니다. 세상이 창조된 이래 이런 아름다운 광경이 또 있었을지는 몰라도, 나에게 있어서는 이보다 아름다운 것은 없습니다.

왜냐하면 그것은 내가 그 언덕에서 라나오 사람들을 바라보며 기도할 때 그들을 향해 느끼는 사랑의 열정을 그대로 반영해 주었기 때문입니다.

나는 이야기하면서 그 감미로운 빛을 맛 보았고, 이것이 나에게는 하나님의 최고의 걸작품이라고 말씀드렸습니다.

그러자 하나님은 내 음성을 통해 내게 말씀하셨습니다.

"얘야, 이것은 아름다움의 상징에 불과하다. 네가 받을 준비가 되었을 때 나는 네게 아주 놀라운 일들을 보여 주려 한다. 네가 너의 영적인 산을 올라 네 영혼의 눈을 열어 보기만 한다면, 나는 그것을 주어야 하고, 또 줄 것이다.

이것은 네가 원한다면 평생 누릴 수 있는 것이다. 나는 너희 모두에게 영광의 세계를 더 넓게, 훨씬 더 넓게 열어 주고 싶어 마음이 아플 정도란다."

모로족들을 상대하면서 가장 큰 어려움이 뭐냐고 묻는다면, 나는 이렇게 대답할 것입니다.

"항상 영적으로 순비하는 것 외에는 큰 어려움이 없습니다."

그것은 어디에서나 마찬가지가 아닐까 생각합니다. 올해 나는 작년보다 더 준비가 되어 있습니다. 그래서 아마 다른 사람들도 더 준비된 것처럼 보이는 것 같습니다.

**1930. 8. 21** Letters by a Modern Mystic

# 연약한 사람들을 돕지 못하게 하는
## '중요한 의무들'

이제 두 주일만 지나면 나는 마흔 여섯이 됩니다.

몇 년 전만 해도 앞으로 살아갈 날이 많이 남아 있다고 생각했는데 이제는 그렇지 않습니다. 내 인생의 일부가 이미 지나갔습니다. 그것은 비참하고 안타깝기 그지없는 사실입니다. 내가 꿈꾸었던 것과는 너무나 동떨어진 것이어서 생각조차 하기 두렵습니다. 물론 미래에 대해서도 많이 생각하지 않습니다.

지금 이 현재는 - 하나님으로 충만하다면 - 그 지겨운 실망과 하나님께 대한 배반으로부터 피할 수 있는 유일한 피난처입니다.

여기 라인홀드 니버의 책이 있습니다. 그는 마치 커피를 따르듯 너무나 쉽게 놀라운 생각들을 쏟아내고 있는 듯합니다.

나 자신을 포함해서, 왜 세상의 나머지 사람들은 그 사람 같은 재능을 가지지 못했을까요? 많은 사람들이 나보다 더 답답한 삶과 절망적인 생각에 사로잡혀 있는 듯합니다.

나는 오늘 오후에 한 소년에게 읽는 것을 가르치려고 했습니다. 그러나 마치 모기장에 물을 쏟아 붓는 것 같았습니다. 그는 'i'를 발음할 때면 벌써 'a'를 잊어버렸습니다. 그렇게 답답한 세계 속에 산다는 것이 얼마나 비극입니까.

나는 그 소년에 대한 따뜻한 사랑을 느꼈고, 그 아이도 그 사랑을 느꼈습니다. 아이는 자기에겐 아빠도 엄마도 없다고 말하면서 눈시울을 적셨습니다. 가끔씩 안팎으로 무너진 삶을 보게 됩니다. 오, 하나님, 이렇게 파괴된 삶은 무엇을 위해서인가요?

나는 이 문장을 쓴 후 한참 동안 타자기에 기대어 앉아 있었습니다. 그때 한 음성이 들리기 시작했습니다.

"그 파괴는 사랑의 고통이다."

내가 그 초라한 고아 소년의 머리를 내 팔로 감싸 주고픈 마음이 들었을 때, 그것을 알게 되었습니다.

내가 날마다 오래된 건물에 들어앉아 어른이나 소년을 붙들고 알파벳을 가르치고 더 넓은 세상을 보여 주기 위해 인내하며 애쓰고 있을 때, 종종 이 일이 내 나이에 어울리는 일인가 하는 생각이 듭니다.

하지만 그 아이가 다정하게 손가락으로 내 머리칼을 쓸어내리며 사랑스러운 눈길로 '좋은 삼촌'이라고 말할 때면, 작은 사랑이 싹트는 것을 깨닫게 됩니다.

만일 온 세상이 사랑을 구현하려고 필사적으로 노력한다면, 우리로 연약한 사람들을 돕지 못하게 하는 '중요한 의무들'은 의무가 아니라 죄일 것입니다. 아니면 내가 나 자신의 실패를 정당화하려고 애쓰는 것일까요?

해질녘에 하나님과 함께 멋진 시간을 보내고 나서 집으로 돌아왔습니다. 그 멋진 색깔과 장엄한 구름, 신비한 안개, 하늘을 가로지르는 고요한 변화… 자신을 완전히 잊고 우주를 누릴 수만 있다면! 하지만 우리는 너무나 이기적이어서 그 그림에서 우리 자신을 지우지 못합니다.

우리는 깊은 바다에 사는 물고기들입니다. 깊은 바다에 사는 물고기들은 강한 압력 때문에 감히 수면 위로 나오지 않는다고 합니다. 우리는 그런 물고기와 같습니다. 죽음이 두려워 그런 환경의 밑바닥에서 멀리 나오려고 시도하지 않기 때문입니다. 아니, 우리는 물고기가 아니라, 그 바닥에 기어 다니는 벌레들입니다. 왜냐하면 우리는 바다 속을 헤엄쳐 다닐 수도 없기 때문입니다.

우리는 육체적으로 뿐만 아니라 정신적으로도 매우 미약하여, 바닥을 벗어나지 못합니다. 정말 가련한 벌레들입니다! 또한 나는 자기 연민이 우리의 미약함을 매우 잘 나타내는 예라고 생각합니다.

내가 하나님을 원망하는 것처럼 느낄 때, 바로 그때 나의 이기심의 진짜 추악한 모습을 드러내는 것입니다.

왜냐하면 나는 인간 이하의 수많은 피조물들에 대해, 인간에 가까운 수많은 피조물들에 대해, 그리고 나처럼 이기적인 피조물로 인해 인간다움을 상실한 피조물들에 대해 만족해야 한다는 것을 너무나 잘 알고 있기 때문입니다. 내가 원하는 모든 것을 가졌다면, 이 모든 것에 대해 하나님을 원망해서는 안 됩니다.

지금 나는 모든 인간과 그리고 모든 초인간들의 삶 가운데서 가장 영화로운 일에 몰두하고 있습니다. 우주의 하나님과 직접 교제하고 있는 것입니다. 하나님은 자신의 마음을 나에게 보여 주십니다. 천사라도 그렇게까지는 할 수 없습니다.

나는 나의 존재가 마치 문어처럼 대양의 깊은 바닥에 갇혀 있고, 그래서 성품 역시 문어처럼 전혀 변화가 없다는 것을 망각했습니다. 하나님과 함께 있기만 하면 감옥이든 토굴 속이든 상관 없는 것입니다.

우리는 이것이 사실이라고 설교하고 또 고백합니다. 그것은 사실입니다. 그러나 이러한 사실을 체험한 사람들이 그리 많아 보이지는 않습니다. 나는 모로족 여인들이나 어린이들과 다르지 않습니다.

그들은 이렇게 말합니다.

"선생님, 이것을 가져도 될까요?"

내가 "그래요."라고 하면, 그들은 그걸 가져가는 걸 잊어버리고, 내가 "안 돼요."라고 하면, 그걸 달라고 계속 조릅니다.

**1930. 9. 2** Letters by a Modern Mystic

# 필요한 것이 많아서
아름다운 곳

팁(Tip)과 나 그리고 하나님이 함께 시그널 언덕에 있었습니다. 오, 하나님, 그곳에 있었던 영광을 종이 위에 옮기게 하소서.

이러한 경험을 할 수 있었던 것은 나의 마흔여섯 번째 생일을 즐겁게 보내려고 애썼기 때문인 것 같습니다. 그리고 이것은 우리 모두에게 어떤 날은 즐겁고 어떤 날은 즐겁지 못한 이유이기도 한 것 같습니다.

하나님은 우리에게 즐거운 날을 주시려고 언제나 기다리고 계십니다. 그러나 우리는 하나님께 그런 기회를 드리기 위해 아주 진지하게 생각하는 일이 거의 없습니다. 하지만 나는 이 굉장한 일을 말하려고 노력하다가 그만 절망에 빠집니다. 그것을 말할 수 없다면, 힌트라도 던져줄 수 있을까요?

붉게 변했다가 금방 희미한 노란색으로 변하는 먹구름이 있습니다. 지금 그런 먹구름이 어두움을 통해 불 같은 혀를 내밀고 있습니다.

멀리 떨어진 호수 한가운데 길고 완벽한 물기둥이 마치 구름 속에서 나오는 거대한 기둥처럼 서 있었습니다. 그것은 난생 처음 보는, 바다에서 하늘로 이어지는 완벽한 물기둥이었습니다. 숨어 있던 태양이 나타나면서 내 머리 위로 그 검은 구름이 영광스러운 금빛으로 변했습니다. 하지만 내가 놀란 것은 그 때문이 아니었습니다.

바로 그때 하나님이 말씀하고 계셨습니다.

팁이 내 팔 밑으로 바싹 다가왔을 때 나는 그의 머리를 가볍게 토닥거리며 말했습니다.

"우리는 이 어마어마한 세상 한가운데 있는 두 마리 작은 벌레들 같구나. 나는 너보다 아는 것이 좀 더 많긴 하지만, 그리 많이 아는 것도 아니야. 하늘을 움직이는 위대한 존재에 비하면 나도 너와 다를 바 없는 보잘것없는 사람이지.

네가 나에 대해 잘 모르는 것처럼, 나도 하나님에 대해 조금밖에 알지 못한단다. 어쩌면 훨씬 더 모를지도 모르지. 네가 나보다 더 현명할 수도 있어. 나는 어서 우주 속으로 들어가고 싶어 애태우는 반면, 너는 그저 누군가 머리를 토닥여 주고 벼룩을 찾는 것에 만족하기 때문이야.

팁, 내가 더 젊었을 때는, 세 가지 가장 큰 정신적 필요가 하나님, 자유, 불멸이라고 말한 칸트가 틀렸다고 생각했단다. 하지만 지금은 그가 확실히 옳다고 믿어.

46세에 내 영혼은 하나님을 필요로 하는 만큼 불멸을 필요로 하고 있단다. 또한 불멸을 필요로 하는 만큼 우리가 세상과 육신이라고 부르는 이 감옥으로부터의 자유를 필요로 하지."

그때 하늘에서 조용한 음성이 들려왔습니다.

"너의 먹구름들이 태양에게 기회를 주고 있다. 그것은 놀라운 일이며, 어두움에서 나와 빛으로 가는 것이다. 그것은 삶을 매우 풍성하게 해준다.

너의 감옥은 또한 너의 그림물감 상자와 같다. 거기서 네가 아는 모든 아름다움이 쏟아져 나오는 것이다.

네가 지금 앉아 있는 라나오는 온 우주 영역에서 가장 아름다운 피조세계에 속한단다. 여기서 너는 눈을 떠서 아름다운 것을 볼 특권을 얻은 것이다.

  네가 자비심을 가질 수 있을 때까지, 거기서 벗어나려고 하는 것은 이기적인 것이다.

  네가 죽은 후에도 너의 영혼이 남아서 다른 사람들이 더 넓은 삶으로 나아가도록 돕게 해달라고 기도하게 될 때, 비로소 너는 그리스도를 닮아가는 것이다.

  밤마다 보여 주는 나의 비전들은 내가 너에게 무척 주고 싶은 것이지만, 그것이 너를 더 이기적으로 만들고, 더 가지려고만 하고, 나눠주는 데는 인색하게 만들까 봐 두렵구나.

  너에게 있어서 우주에서 가장 아름다운 것은 네가 서 있는 이 호수 주변의 라나오이다. 거기엔 필요한 것이 너무 많기 때문이다.

  너는 거기서 그들의 굶주림을 일깨워 주어야 한다. 그들이 배고픔을 느끼지 않으면 먹일 수 없기 때문이다."

  오늘 밤, 그밖에 일어난 다른 일들도 이야기하고 싶습니다.

  하지만 다른 것은 모두 감정적인 것입니다. 오늘 일은 하늘을 향해 팔을 뻗어 받고 라나오를 향해 팔을 뻗어 나누어 주는, 힘들지만 즐거운 것이었습니다.

**1930. 9. 21** Letters by a Modern Mystic

## 진리의 상징

좁은 협곡을 통해 하나님을 찾던 우리의 노력은 갑작스러운 계시를 만났습니다. 마치 무한히 넓은 바다로 지금 막 나온 탐험가 같은 기분입니다.

오늘은 하나님이 모든 것 뒤에 계시는 것 같습니다. 바로 내 손 밑에 계시고, 타자기 밑에 계시고, 책상 밑에 계시고, 파일 안에 계시고, 카메라 안에 계시는 것 같습니다.

모로족의 전래 동화 가운데, 바위 뒤에 숨어서 주인공을 지켜보는 요정들 이야기가 있습니다. 바로 이것이 오늘 내가 하나님에 대해 느끼는 것입니다. 물론 이것은, 하나님은 보이지 않으시며 어디에나 계신다는 진리를 상징하는 한 가지 방법에 지나지 않습니다.

나는 볼 수 없는 것을 상상할 수 없습니다. 그러나 눈에 보이는 모든 것 뒤에 숨어 계시는 하나님을 상상할 수는 있습니다.

외로운 사람에게는 하나님이 이처럼 어디에나 가까이 계신다는 느낌이 무한한 아늑함과 편안함을 가져다줍니다!

'하나님께서 여기에 계심'을 깨닫는 새로운 바다로 들어가게 된 기쁨을 다른 사람들에게 전달하기란 쉽지 않습니다.

하나님과 교제하는 특권은 매우 놀라운 사실이어서 하나님께서 주실 수 있는 그 어떤 것보다도 귀한 것 같습니다. 하나님께서 자기 자신을 보여 주시는 것은 이 우주에서 다른 무엇보다 큰 것을 주시는 것입니다.

**1930. 9. 22** Letters by a Modern Mystic

# 하나님을 잃지 않는 한
# 패배는 없다

우리 자신은 경이로운 무지개와 일몰의 광경에 흠뻑 빠져들어야만 그 빛을 발산할 수 있습니다.

어느 변화산 위에서 하나님 임재의 아름다움 가운데 살아서 마침내 그리스도와 같이 되는 것이 우리의 의무입니다.

결국, 그리스도를 닮은 삶이 영화롭다는 것, 무엇과도 견줄 수 없이 영화롭다는 것이 가장 깊은 진리입니다.

하나님을 잃지 않는 한 패배는 없습니다. 그러나 하나님을 잃으면 비록 화려한 궁 안에서 부귀영화를 누리며 산다고 해도 패배한 것입니다.

**1930. 10. 7** Letters by a Modern Mystic

# 끊임없이 나눠주는 기쁨

예수님은 하나님이 다른 어떤 것보다 탐욕을 싫어하신다고 말씀하셨습니다.

탐욕은 하나님의 마음과 정반대되는 것입니다. 왜냐하면 하나님은 언제나 선한 자와 악한 자에게 똑같이 선물을 아낌없이 주시는 분이기 때문입니다. 그리고 끊임없이 나눠주는 데서 기쁨을 얻으십니다.

나는 우리 모두에 대해 깊이 생각하고 있습니다. 예수님 외에 우리 모두는 정말 비열한 사람들입니다. 하나님이 어떻게 이런 우리를 참고 받아들여 주시는지 모르겠습니다. 그러나 하나님은 예수님과 같은 분입니다.

예수님처럼 하나님은 우리가 예수님을 닮아갈 때까지 포기하지 않으실 것입니다.

**1930. 10. 12** Letters by a Modern Mystic

# 근심이 사라지다

하나님을 끊임없이 마음에 모시려고 노력하는 사람들이 자신들의 경험을 모두 기록해, 다른 사람들과 결과를 나누게 되기를 얼마나 바라고 또 바랐던가!

아마도 그 결과는 세상을 놀라게 할 것입니다. 최소한 나 자신의 경험은 나를 놀라게 합니다.

근심은 먹구름 걷히듯 사라지고 내 영혼은 영원한 평화의 햇빛 아래 안식을 누립니다. 나는 이 우주 어디에 누워서도 내 아버지의 영으로 충만할 수 있습니다. 우주 자체가 매우 아늑하게 보입니다! 나는 전에 비해서 조금 더 아는 것뿐입니다. 그러나 그 조금만으로도 충분합니다.

하나님에 대한 황홀한 전율이 넘칩니다. 나는 '하나님께 흠뻑 취한 것'이 무엇인지 압니다.

모로족 소년들이 찾아와서 무릎을 꿇고 엎드리고, 또는 머리를 긁적이거나 머리카락이 없는 부분을 손으로 문지를 때 나는 그들이 왜 그런 상태에 있는지 묻습니다. 이것은 그들과 나의 친밀감의 표현입니다.

그들은 우리가 그들을 사랑한다는 것을 압니다. 하지만 아직도 우리 사이에 어떤 거리감이-적어도 역사적으로-있을지도 모릅니다. 만약 알았더라면 그들이 그렇게 다정하게 대할까요? 만일 그들이 하나님의 사랑과 그 놀라운 열정을 알고 있다면, 그럴 것입니다!

생각해 보십시오. 우리가 '미국 지배 하에 있는 가장 힘든 곳'에 대해 기록하던 것이 채 1년도 되지 않습니다. 그러나 세상에서 가장 힘든 곳은 뉴욕입니다.

왜냐하면 뉴욕에서는 능력, 특별한 능력이 요구되지만, 여기 라나오에서는 오직 사랑, 특별한 사랑만이 요구되기 때문입니다. 그들은 하나님의 사랑도 잘 받아들일 것입니다.

**1930. 10. 15** Letters by a Modern Mystic

## 바르게 깨닫는 길

하나님이 당신의 마음을 크게 자극하고 각성시키신 적이 있습니까? 하나님은 우리로 하여금 잠들지 않게 하시려고 작정하신 것 같습니다.

우리는 우리 자신을 위한 천국을 만들거나 발견합니다. 그리고 이런 천국은 우리를 몽롱한 만족으로 이끌어가기 시작합니다. 그러면 하나님이 다가와 우리 어깨를 잡고 흔들어 깨우십니다. 하나님은 우리에게 그것이 필요하다는 것을 잘 아십니다.

우리의 임무는 성장하고 또 성장하여 지금보다 훨씬 더 아름다운 피조물이 되는 것입니다. 이것은 우리의 껍질이 자주 깨져서 계속 자랄 수 있어야 한다는 것을 의미합니다.

이 세상은 나와 하나님과의 교제가 친밀해질수록 더욱 확실해지는 작은 학교에 불과합니다. 예수님이나 부처나 이 세상 삶에 대해서는 거의 동일한 메시지를 주었습니다.

부처는 "모든 욕망을 버리라."고 했고, 예수님은 "너의 소망을 이 땅에 두지 말고, 보다 완전한 삶에 두라. 그 삶은 지금 네 안에서 시작되어 영원히 지속될 것이다."라고 했습니다.

많은 사람들이 다른 출구를 찾습니다.

어떤 이들은 비범한 일에서, 어떤 이들은 무모한 게임에서, 어떤 이들은 마약에서, 어떤 이들은 정신 이상에서 찾습니다. 정신 이상은 냉혹하고 처참한 실패로부터 달아나는 길이기 때문입니다.

나는 온 세상을 향해 보다 나은 길이 필요하다고 말하고 싶습니다. 그 길은 시그널 언덕의 하나님께서 만족하신 길입니다.

하나님께서는 나를 통해 영광의 물줄기를 보내심으로써 나로 하여금 이것이 바르게 깨닫는 길임을 확신하게 해주셨습니다.

1930. 12. 6 Letters by a Modern Mystic

# 궁극적인 아름다움이란?

어떤 사람은 십자가와 아름다움이 서로 어울리지 않는다고 생각합니다. 하지만 실제로는 그렇지 않습니다. 하나님은 그 두 가지 관문을 통해 가장 잘 발견되기 때문입니다.

굽이치는 검푸른 바닷물과 흰 파도, 멀리 보이는 푸른 언덕, 위로는 채색 구름과 연한 푸른 빛 하늘이 펼쳐진 광경이 아름다운 것을 사랑하시는 하나님을 잘 드러내 줍니다. 그리고 하나님은 열대지방에서 자신의 붓으로 이렇게 아름다운 광경을 그려내십니다.

하나님의 역사하심을 볼 수 있는 눈만 가졌다면, 하나님이 어디서나 이렇게 후히 베푸시는 것을 볼 수 있습니다. 하지만 사람들은 예쁜 얼굴 또는 기쁨을 노래하는 영혼보다 더 많은 것을 요구합니다.

우주에는 더 고차원적인 아름다움이 있습니다. 그것은 헌신의 아름다움, 남을 위해 포기하는 아름다움, 남을 위해 수고하는 아름다움입니다.

여인은 자신의 편안함을 포기하고 아기를 낳고 기르는 노고를 선택할 때 비로소 최고의 아름다움에 이릅니다. 남자는 자기 자신보다 사랑하는 사람을 생각하는 마음이 얼굴에 배어나올 때 비로소 최고로 아름다운 모습을 찾게 됩니다.

헌신의 아름다움이 바로 궁극적인 아름다움입니다.

**1931. 2. 6** Letters by a Modern Mystic

# 하나님의 마음으로
# 나아가는 유일한 길

오늘 밤, 감기로 몸이 아프고 외로운 나는 아픔과 고독과 실패감에서 자라나는 깊은 평안이 있다는 것을 경험으로 배우고 있습니다.

이러한 것들은 나로 하여금 하나님을 향해 언덕에 오르게 하며, 나는 거기서 눈물을 통해 웃음보다 훨씬 더 좋은 위로가 내 영혼 속으로 들어옴을 느낍니다.

그것은 '경험하지 않고는 이해할 수 없는 하나님의 평안'입니다.

모든 것이 좋을 때 하나님은 가까이 오실 수 없습니다. 하나님이 사람들에게 큰 의미로 다가가기 위해선 어두운 시간들, 마음이 공허한 시간들이 필요한 것 같습니다.

우리는 사랑하는 사람을 잃었을 때 그런 시간을 경험했습니다. 헤어질 때, 그리고 마음이 아플 때 그런 시간을 경험했습니다. 절망에 빠져 침상에 누워 있을 때 그런 시간을 경험했습니다.

이것이 바로 자연의 본질에 담긴 깊은 진리일까요?

우리는 이렇게 노래합니다.

"내 주를 가까이 하게 함은
십자가 짐 같은 고생이나…"

십자가가 하나님의 마음으로 나아가는 유일한 길일까요?

**1931. 2. 10**  Letters by a Modern Mystic

## 현재의 우리

내가 살면서 세상에 기여할 것이 있다면, 분명 그것은 시그널 언덕에서 하나님을 체험한 것입니다.

이날 오후에 나는 양심의 가책을 짊어지고 산꼭대기에 올랐습니다. 20년 동안 잘못한 모든 일들이 떠올랐고 스스로가 지독한 죄인처럼 느껴졌습니다. 나는 하나님께 이런 나의 심정을 말씀드렸습니다.

하지만 이 글에는 어떠한 고백도 적지 않을 것입니다. 우리는 사람들의 과거를 보고 판단하려는 경향이 있습니다. 하지만 그것은 공정하지 않습니다.

우리는 한 시간 전의 우리가 아니라, 현재의 우리입니다. 또한 우리가 잊어버리려고 헛되이 노력하는 과거의 모습이 아니라, 우리가 현재 계획하고 있는 모습입니다.

내가 언덕 위에 서서 하염없이 울고 싶었을 때, 내 혀는 하나님께 말씀드리는 것을 멈추고 바로 하나님이 나에게 하시는 말씀을 말하기 시작했습니다.

"얘야, 내가 오늘 밤 너를 아프게 했구나. 지금 나는 네가 매우 안쓰럽단다. 네가 고백한 것은 모두 사실이다. 하지만 여전히 나는 너를 사랑한단다. 여기 와서 내게 고백하는 너를 사랑한다. 나를 갈급해 하는 너를 사랑한다. 더 나은 사람이 되고자 하는 너를 사랑한다.

그것이 바로 내가 사람들에게 원하는 전부란다. 네가 허락하기만 한다면 당장 너를 위해 많은 일들을 하고 싶었단다. 이제 너는 아프고 외로운 마음으로 준비가 되었구나. 이 고통이 지난 뒤에 분명히 너는 내 마음에 더 가까이 다가오게 될 것이다."

나도 모르는 사이에 하나님을 향한 새로운 사랑이 내 마음에 스며들어왔습니다. 전에는 이렇게 강하게 느껴 본 적이 없었습니다. 나는 이렇게 말하고 싶었습니다.

"하나님, 나는 하나님도, 이 세상도, 나 자신도 모릅니다. 오래 생각할수록 모든 것이 더 불가사의합니다. 하지만 예수님이 우리에게, 하나님께서 우리를 위해 더 많은 일을 하시기를 간절히 원하신다는 것을 보여 주셨습니다.

감사합니다. 하나님은 씨앗이 자라기 전에 땅을 고르는 농부이십니다. 하나님은 오늘 밤 내 마음 밭을 갈아 부드럽게 하시고 성장을 위해 준비되게 하셨습니다.

감사합니다, 하나님. 감사합니다. 고통이 그렇게 심하지 않았다면 나는 하나님의 치유의 손길을 느끼지 못했을 것입니다. 하나님, 어떻게 하면 우리가 이 고통의 필요성과 모든 고통을 없애려 하는 우리의 노력을 조화시킬 수 있을까요?"

이 질문에 대한 하나님의 대답은 나에게 확신을 주었습니다.

"만일 네가 세상의 육체적 고통을 없앤다 해도, 좌절된 사랑, 만족할 수 없는 욕망은 그대로 남아 있어 여전히 마음에 상처를 줄 것이다. 부잣집이나 가난한 집이나 그 안에 사는 사람들은 똑같이 뜨거운 가슴을 가지고 있다.

사람을 천하게 끌어내리는 것들과 끊임없이 나타나는 이기심은 없애 버려야 한다. 그러면 사람들의 마음은 이기적인 필요보다 훨씬 더 큰 것을 위해 안달하며 마음 아파하게 될 것이다. 그들은 예수님의 마음으로 세상을 위해 피 흘리는 것을 배우게 될 것이다."

아마 앞으로 오늘보다 더 많은 고통을 겪게 될 것입니다. 왜냐하면 오직 사랑만이 거룩하게 고통당하는 법을 알기 때문입니다.

하지만 자신의 이기적인 실망에서 오는 천한 고통은 사라질 것입니다. 그리고 우리는 그 고통 속에서 장엄함과 숭고함을 보며 기뻐하게 될 것입니다.

**1931. 2. 25.** Letters by a Modern Mystic

# 왜 항상 하나님의 음성을 들을 수 없을까?

지난 밤 시그널 언덕의 따뜻한 땅을 밟고 서서 나는 하나님께 이렇게 물었습니다.

"우리가 이 땅에 서서 이렇게 많은 말을 하게 하시는 이유가 무엇입니까? 하나님은 우리보다 훨씬 더 지혜로우신데, 왜 우리는 항상 하나님의 음성을 들을 수 없는 건가요?"

바로 응답이 왔습니다. 나는 한순간에, 처음부터 끝까지 그것을 알아들을 수 있었습니다. 하지만 그것을 기록하는 데는 좀 더 시간이 걸릴 것 같습니다. 하나님으로부터 온 많은 생각들이 갑자기 나에게 다가왔습니다.

"네가 모로족들에게 읽는 법을 가르칠 때, 너는 되도록 적게 말하고 그들이 많이 말하도록 하는 것이 기술이다.

내가 되도록 말을 하지 않고 네가 최대한 많이 말하고 많이 일하도록 하는 것도 그 때문이다. 너는 실수를 하더라도 그것을 바로잡으면서, 행함으로 배운다.

너는 하나님의 자녀이다. 그리고 지금 아기처럼 연약한 첫걸음을 떼고 있다. 네가 혼자 걷는 모든 걸음이 지금 네가 상상하는 것보다 훨씬 더 중요하단다.

왜냐하면 내가 너를 준비시키는 그 일은 너의 모든 상상을 초월하기 때문이다. 그러니 네가 나에게 말하는 것은 매우 중요하단다.

다른 사람들이 너의 기대를 만족시키려고 열심히 이야기할 때, 그들이 하는 말들이 네가 그들에게 하는 말보다 더 중요하다. 이것이 가장 좋은 행동 방식이다. 그러니 나에게 많은 이야기를 해라. 다른 사람들이 너에게 많이 이야기하도록 해라. 그들이 하는 모든 좋은 말들을 인정해 주고, 그들의 실수는 눈감아 주어라."

**1931. 3. 3** Letters by a Modern Mystic

# 하나님의 계시의 영광

오, 하나님께 충분한 기회를 드려서 하나님께서 우리 마음을 그분의 계시의 영광으로 채우시게 할 수 있다면, 그런 복이 나에게 넘치기까지 하나님의 얼굴을 바라보는 것이 내가 할 일입니다.

하나님과 두 시간을 함께 보낸 오늘 아침의 기분이 그렇습니다. 그래서 지금 나는 이 '변화산' 위에서 결코 떠나고 싶지 않습니다. 나는 이 사랑스러운 마음의 아픔을 영원히 간직하고 싶습니다. 하지만 그것은 그리스도를 닮는 것이 아닐 것입니다. 나는 지금 최선을 다해 강 건너 모로족 학교로 그리스도를 전하러 가야 합니다.

오늘 학교에 가면 아마 월급을 받을 것입니다. 과연 이 영광을 내가 일하는 학교에서 얼마나 적용할 수 있을까요?

**1931. 4. 5.** Letters by a Modern Mystic

# 그리스도를 선택하다

예수님과 함께 시험당하는 우리 자신을 봅니다.

그는 다른 사람들을 위한 복된 사역을 위해 죽음의 문턱까지 걸어가셨습니다. 그는 잘못된 것에 대해 과감하게 반대하며 말하고, 그 결과를 감수하셨습니다.

그는 매질을 당하셨습니다.

사람들이 자신의 얼굴에 침을 뱉도록 허용하셨습니다.

머리에 가시관을 쓰고 아픔을 견디셨습니다.

아무 말 없이, 심지어 마음속으로도 분노하지 않고 조롱을 받으셨습니다.

십자가에 달려 괴로워하는 순간에도 자신의 어머니를 생각하셨습니다.

그리고 이렇게 외치셨습니다.

"아버지여, 저희를 사하여 주옵소서. 자기의 하는 것을 알지 못함이니이다."

나는 이런 예수님의 말들이 분명 상상에서 나온 것이라고 주장하는 책들을 읽었습니다. 십자가에 못 박힌 극심한 고통 가운데서 말을 할 수 있는 사람은 아무도 없다는 것입니다. 하지만 예수님은 여러 번 그의 삶 속에서 인간으로서는 '불가능한' 모습을 보여 주셨습니다.

이 장면은 그의 전체적인 성격에 들어맞습니다. 사실, 그러한 고통을 당하면서 다른 사람들을 생각할 수 있는 사람은 아무도 없습니다. 하지만 예수님은 우리보다 훨씬 뛰어난 분이십니다.

예수님이 십자가에 달려 돌아가신 사건은 비극적이고 끔찍하며 공포스러운 일이었습니다! 세상에서 가장 훌륭한 사람이 죽어간 것은, 매우 선해서 그것을 피할 수 없었기 때문입니다.

그것은 인류를 더 깊은 절망으로 몰아넣었습니다. 그들은 예수님을 기억할 수도 있고 기억 못할 수도 있습니다. 내 생각에 아마도 그들은 예수님을 잊으려고 노력했을 것입니다.

왜냐하면 인간은 하나님이 선하신 분이라고 믿기 원하는데, 십자가의 고난은 우리가 생각하기에 가장 충성스러운 분을 하나님이 버리시는 것을 보여 주기 때문입니다.

하나님은 가장 충실한 옹호자를 저버리셨습니다. 십자가만 보면 정말 끔찍합니다. 하나님이라면 그런 끔찍한 드라마를 멈추게 하실 수 있는데도 말입니다.

"나의 하나님, 그런데 왜…?"

만일 부활이 없었다면 우리는 선하신 하나님을 믿지 못할 것입니다. 그것은 믿기 어려운 이야기입니다. 왜냐하면 우리는 그 전이나 후로도 그와 같은 일을 본 적이 없기 때문입니다.

하지만 그 일은 전례가 없기 때문에 믿기 어려울 뿐입니다. 다른 한편으로는 그것을 의심하기가 훨씬 더 어렵습니다.

나는 우주에서 예수님의 전 생애의 이야기를 배제하거나 아니면 어떤 지성이나 감정을 배제해야 합니다. 만일 내가 그렇게 한다면, 나의 문제는 단순히 지적인 문제가 아니라 도덕적인 문제가 됩니다.

나는 실제로 다른 이들을 위해 나 자신을 희생할 수 없습니다. 왜냐하면 그것은 숭고하게 들리지만 어리석은 일이기 때문입니다. 예수님의 행위는 경솔하고 헛될 뿐 아니라 나머지 인류를 그릇된 길로 인도하는 것이 됩니다.

스튜더트 케네디는 이렇게 말했습니다.

"그것을 어떻게 입증할 수 있습니까? 그것은 입증되지 않습니다. 입증할 수가 없습니다. 이기기 전에 어떻게 승리를 입증할 수 있습니까? 죽을 때까지 따라가 보지 않고서 어떻게 당신을 이끄는 사람이 따를 만한 가치가 있는 지도자라는 것을 입증할 수 있습니까?

당신은 논쟁하기를 원합니다. 그런데 나는 그것을 원치 않습니다. 그것은 선택입니다. 그리고 나는 그리스도를 선택했습니다."

마지막 문장이 모든 문제의 핵심입니다.

그것은 선택입니다.

그리스도를 택하면 비밀을 알게 되고, 그리스도를 배격하면 절망을 얻습니다.

**1931. 9. 18**  Letters by a Modern Mystic

# 마음으로 나누는
# 하나님과의 대화

오늘날 유행하는 것은 하나님을 법정에 두고 심판하는 것입니다.

우리에게는 역사적으로 선한 사람들과 능력 있는 사람들을 모두 파헤쳐 헐뜯고자 하는 욕망이 있습니다.

하나님도 그것을 피해갈 수 없습니다. 그것은 진리 추구의 잘못된 부산물의 하나이며, 거기에 남을 비방하고 싶어 하는 인간의 추한 욕망이 더해진 것입니다.

그것은 일종의 질투입니다. 우리는 누군가 다른 사람이 우리보다 훌륭하다는 것을 믿기 싫어합니다. 하나님에 대해서도 마찬가지입니다. 나는 이러한 경향을 따라가지 않고, 우주의 재판관으로 서지 않기로 결단하였습니다.

만일 그것이 어떤 좋은 결과를 가져왔다면, 나도 계속 그렇게 했을 것입니다. 하지만 지금까지 그것은 나를 사막으로 이끌었고 그곳에 버려두었습니다. 사람들이 읽는 책들도 그런 사막에서 결론이 납니다.

나는 스스로 다른 길을 선택합니다. 하나님을 내 안경 삼아, 하나님을 통해서 사람들을 보기로 결심합니다. 그들을 향한 하나님의 사랑이 채색된 그런 안경 말입니다.

알다시피 지난해 나는 주님을 늘 내 마음에 모시기로 결심했습니다. 낯선 땅에 있는 외로운 사람에게는 그것이 오히려 쉬운 일입니다. 이 일은 많은 사람들에게 둘러싸여 있는 사람들보다는 양치기나 수도사, 은둔자에게 더 쉬운 일입니다.

그러나 오늘은 전혀 색다른 날이었습니다. 나는 이제 더 이상 외롭지 않습니다. 오늘은 날이 밝기 시작할 때부터 잠자리에 들 때까지 하루 종일 다른 사람들과 함께 지냈습니다.

이런 새로운 상황으로 인해 하나님을 내 생각 밖으로 밀어내야 할까요, 아니면 하나님을 이 모든 것 안으로 모셔야 할까요?

나는 다른 사람의 눈을 계속 바라보고 다른 사람의 말에 계속 귀를 기울이면서 동시에 마음으로 하나님과 말없는 대화를 계속하는 법을 익혀야 합니다.

이것은 그전에 하던 것보다 훨씬 더 어려운 일입니다. 그러나 이런 시도가 바쁜 사람들에게 가치가 있으려면, 이렇게 사람들 많고 압력이 큰 상황에서도 효과가 있어야 합니다.

한 가지 방법이 있습니다.

내가 모로 언어의 문법과 서사시들과 상징들을 생각할 때, 사람들에게 읽는 법을 가르칠 때, 신문을 읽으며 가족들과 최근에 일어난 일들에 대해 이야기할 때, 하나님이 함께하셔야 합니다. 그래서 나는 무슨 일이 있어도 이런 노력을 멈추지 않기로 결심합니다. 너무 지쳐서 모든 생각을 중단하지 않는 한 말입니다.

우리가 중보 기도하는 사람들에 대해 하나님께 모든 것을 말씀드릴 필요는 없습니다. 차근차근 한 사람씩 마음에 떠올리며, 하나님이 그들에게 최선의 뜻대로 행하시기를 바라며 기도하면 됩니다. 하나님은 그들에게 필요한 것이 무엇인지 우리보다 더 잘 아시기 때문입니다. 어떻게 그렇게 되는지는 모르지만 우리의 기도를 통해 하나님의 능력이 나타납니다.

나는 만나는 모든 사람들에게 집중하고 하나님에 대한 나의 생각을 전달할 수 있도록 의지적으로 열심히 노력하려 합니다. 군중 속에 있을 때 최선을 다해 하나님을 생각하려고 할 것입니다. 그래서 이것이 더 좋은 세상을 만드는 데 어떤 기여를 할 수 있는지 실험을 통해 입증하고자 합니다.

오후에 내 마음속에서 놀라운 경험을 했습니다.

기도하려고 눈을 감았는데, 맨 먼저 내 앞에 있는 사람들의 얼굴이 보이고, 그러고 나서는 이웃에 사는 사람들, 마을 중심부에 사는 사람들, 강 건너에 사는 사람들, 대로를 지나 옆 마을에 사는 사람들, 그 옆 마을, 또 그 옆 마을 사람들, 그 다음엔 호수 주변에 사는 사람들, 산 너머 해안에 사는 사람들, 바다 건너 북쪽에 사는 사람들, 큰 대양을 건너 캘리포니아, 미국을 횡단하며 알게 된 사람들, 또 유럽에 머물렀을 때 만났던 사람들, 선교사 친구들이 살고 있는 근동 지방, 다른 친구들이 있는 인도, 그리고 중국에 거주하는 사람들, 추위와 기근으로 심한 고통을 겪고 있는 수많은 사람들이 보였습니다.

1분도 안 되는 짧은 시간 동안 온 세계를 돌았고, 나의 영혼은 세상을 하나님께 올려드리며 거룩한 빛으로 타오르는 듯했습니다!

하나님을 마치 사진 액자처럼 손닿는 데 두는 것이 아니라, 사랑하는 사람에게 하듯이 몸을 기댈 때 하나님을 접할 수 있습니다.

하나님의 사랑같이 다함 없는 사랑은, 우리가 최대한으로 화답할 때까지 만족하지 않습니다.

또한 하나님은 아픈 팔로 내 이웃들을 안으시고, 세상의 떠도는 무리들이 모두 하나님께 그리고 서로에게 반응하기 전까지는 만족하지 않으실 것입니다.

**1931. 9. 28** Letters by a Modern Mystic

## 가벼운 의지의 압박

온 인류가 알 권리가 있는 어떤 놀라운 축복을 우연히 얻게 되었을 때는, 어떠한 관습이나 거짓된 겸손으로 인해 그것을 말하지 않는 일이 있어서는 안 됩니다. 비록 그것이 자신의 영혼을 많은 사람들이 볼 수 있도록 내어 놓는 일일지라도 말입니다.

나는 놀라운 생활 방식을 하나 발견했습니다. 그렇다고 나와 같은 생활을 하라고, 아니 시험해 보라고도 강요하는 것은 아닙니다. 다만 그것이 놀라워서, 지상의 천국이라는 것을 증거할 따름입니다.

그것은 아주 단순합니다. 어린아이라도 실천할 수 있을 정도로 아주 단순한 것입니다. 그것은 만나는 모든 사람들을 위해 속으로 기도하는 것, 온갖 다른 일을 할 때에도 하루 종일 쉬지 않고 계속 기도하는 것입니다.

이 단순한 행동은 사람이 쉽게 실행에 옮길 수 있는 가벼운 의지의 압박만을 요구하며, 습관이 쉽게 자리잡듯이 쉽게 고정됩니다.

그러나 삶을 천국의 생활로 바꾸어 놓는 힘이 있습니다. 누구나 새로운 풍요를 누리게 됩니다. 그러면 온 세상이 영광으로 빛나게 됩니다.

물론 나는 다른 사람이 나를 어떻게 생각하는지 모릅니다. 그러나 내 마음에 있는 기쁨은 이루 말할 수 없을 정도입니다. 이것 이외의 보상이 없다 해도 나는 이 행동에 대해 충분히 만족합니다.

오늘 나는 다른 사람들을 잊을 때 더 빨리 피곤해진다는 사실을 알았습니다.

나의 목적을 떠올리고, 다시금 보이든 안 보이든 사람들을 하나님 앞으로 데려가기 시작할 때, 새로운 힘이 생기고 모든 피로가 사라집니다.

**1931. 10. 11** Letters by a Modern Mystic

# 하나님과의 우정

하나님을 점점 더 알아가는 것은 우정을 쌓아 가는 일입니다.

"두 사람이 사랑에 빠지면 강한 우정을 느끼게 되며, 그 친구가 존재하는 것을 기뻐하게 됩니다. 그리고 상대방에 대해 깊이 알아가는 일에 몰두할 것입니다."

자신과 사랑하는 사람이 똑같이 진실해집니다.

세 가지 질문을 던져 보겠습니다.

첫째, "당신은 하나님을 믿습니까?"

이것은 그리 어려운 질문이 아닙니다.

"귀신들도 믿고 떠느니라."고 했으니까요.

둘째, "당신은 하나님을 아십니까?"

업무 관계가 있는 사람은 알고 있습니다.

셋째, "하나님은 당신의 친구입니까?" 아니면 "당신은 하나님을 사랑합니까?"

정말 중요한 질문은 세 번째입니다.

어떻게 하면 이 단계에 이를 수 있을까요?

그것은 친구 관계가 이루어지는 것과 똑같습니다. 함께 행동함으로써 이루어집니다. 우정의 깊이와 강도는 둘이서 함께 행동하고 즐기는 일의 양과 다양성에 달려 있습니다.

그렇다면 우정이 늘 한결같을까요?

그것도 공동 관심의 항구성, 그리고 우리의 관심이 계속 늘어나서 정체하지 않느냐에 달려 있습니다. 최고의 우정은 성장을 요구합니다. "생명 자체가 진보적인 것처럼 우정도 진보적이어야 합니다." 친구는 함께 동행해야 합니다.

함께 오랫동안 가만히 서 있을 수 없습니다. 그것은 생명과 우정의 죽음을 의미하기 때문입니다.

하나님과의 우정은 아이와 아버지와의 우정과 같습니다. 이상적인 아들은 아버지와의 관계가 날이 갈수록 깊어집니다. 이처럼 우리도 하나님과의 사랑이 더욱더 깊어져서 그분의 관심을 더 많이 공유하게 되고, 그분의 생각을 더 많이 하게 되며, 그분의 일에 더 많이 동참하게 됩니다.

하나님께서 사랑을 일깨우시기 위해 만들어 내신 도구 가운데 가장 뛰어난 것이 십자가입니다. 십자가 위에서 사랑이 가장 많으신 분이 모든 고통을 무릅쓰고 사랑 가운데 매달리셨습니다. 이 십자가는 세계 3분의 1의 사람들에게 사랑의 상징이 되었습니다. 십자가는 인간의 사랑의 가장 깊은 곳을 일깨워 주기 때문입니다.

하나님이 잘못을 바로잡으시도록 돕고, 무력한 자들을 도우시도록 돕고, 사랑하는 마음으로 그것에 대해 하나님께 말씀드리기 전에는, 내가 한 말들이 모두 말에서 그칠 뿐입니다. 행동으로 옮기기 시작할 때 따뜻하고 친절한 마음을 실제로 느끼게 됩니다.

하나님은 조용히 들어오시며, 당신은 그분이 당신 마음속에 계시다는 것을 압니다. 하나님이 당신과 함께 일하심으로 당신의 친구가 되셨습니다.

그러므로 누군가가 나에게 하나님을 어떻게 발견할 수 있냐고 묻는다면, 즉시 이렇게 대답할 것입니다.

가장 깊은 필요를 찾아내고, 그 필요를 충족시키기 위해 애쓰는 동안 당신 자신의 안락함에 대한 것은 모두 잊으라고 말입니다.

그것에 대해 하나님께 말씀드리십시오.

그분이 거기 계십니다. 당신도 그것을 알게 될 것입니다.

**1932. 1. 2** Letters by a Modern Mystic

# 하나님을 붙드는 법

올해는 모든 상황을 하나님께서 예비하신 것으로 받아들이고, 그것이 지극히 평범하거나 실망스러운 일일지라도 한탄하지 않기로 결심했습니다.

우리는 모든 상황에 신적인 의미를 부여할 수 있습니다.

내가 가장 싫어하는 것 중 하나는 쓸 만한 것을 생각해 낼 수 없거나 이름이 생각나지 않는 '공란'이 자주 생기는 것입니다. 그래서 지금부터는 이런 현상이 나타날 때마다 하던 일을 멈추고 귀를 기울이라는 하나님의 신호로 여기기로 결심했습니다.

당신은 때때로 자녀에게 말을 걸고 싶기도 하고, 또 때로는 침묵 속에서 자녀들과 함께 있고 싶을 것입니다. 마찬가지로 하나님께서도 우리와 침묵 속에서 가만히 있기를 원하시는 때가 있을 것입니다.

여기에 우리가 세상 모든 사람들에게 나누어 줄 수 있는 것이 있습니다.

모두 다 똑똑하거나 부하거나 아름다울 수는 없습니다.

모두 다 하나님께서 일부 사람들에게 주신 아름다운 꿈을 꿀 수도 없습니다.

모두 다 음악을 좋아할 수도 없습니다.

모두의 마음이 사랑으로 불탈 수도 없습니다.

그러나 모든 사람이 하나님을 붙드는 법을 배울 수는 있습니다.

그리하여 하나님께서 말씀하실 때가 되면, 하늘의 생각이 맑은 샘물처럼 샘솟을 것입니다.

그날의 끝에는 모든 사람이 안식하게 될 것입니다.

모든 사람이 아버지의 품안에 안식하면서 귀를 기울이며 그분의 세미한 음성을 듣는다면 얼마나 좋을까요?

# 사명선언문

너희가 흠이 없고 순전하여……세상에서 그들 가운데 빛들로
나타내며 생명의 말씀을 밝혀 _ 빌 2:15-16

### 1. 생명을 담겠습니다
만드는 책에 주님 주신 생명을 담겠습니다.
그 책으로 복음을 선포하겠습니다.

### 2. 말씀을 밝히겠습니다
생명의 근본은 말씀입니다.
말씀을 밝혀 성도와 교회의 성장을 돕겠습니다.

### 3. 빛이 되겠습니다
시대와 영혼의 어두움을 밝혀 주님 앞으로 이끄는
빛이 되는 책을 만들겠습니다.

### 4. 순전히 행하겠습니다
책을 만들고 전하는 일과 경영하는 일에 부끄러움이 없는
정직함으로 행하겠습니다.

### 5. 끝까지 전파하겠습니다
모든 사람에게, 땅 끝까지, 주님 오시는 그날까지
복음을 전하는 사명을 다하겠습니다.


# 서점 안내

**광화문점**  서울시 종로구 새문안로 69 구세군회관 1층
02)737-2288 / 02)737-4623(F)

**강남점**  서울시 서초구 신반포로 177 반포쇼핑타운 3동 2층
02)595-1211 / 02)595-3549(F)

**구로점**  서울시 동작구 시흥대로 602, 3층 302호
02)858-8744 / 02)838-0653(F)

**노원점**  서울시 노원구 동일로 1366 삼봉빌딩 지하 1층
02)938-7979 / 02)3391-6169(F)

**일산점**  경기도 고양시 일산서구 중앙로 1391 레이크타운 지하 1층
031)916-8787 / 031)916-8788(F)

**의정부점**  경기도 의정부시 청사로47번길 12 성산타워 3층
031)845-0600 / 031)852-6930(F)

**인터넷서점**  www.lifebook.co.kr